Bärbel Mohr

Lieferungen vom Universum

Bärbel Mohr

Lieferungen vom Universum

Wie Wünsche wahr wurden

Omega

Bibliografische Information der Deutschen Bibliothek

Die Deutsche Bibliothek verzeichnet diese Publikation in
der Deutschen Nationalbibliografie;
detaillierte bibliografische Daten sind im Internet über
http://dnb.ddb.de abrufbar.

1. Auflage   August 2009

Copyright© 2009 by Omega-Verlag

Covergestaltung: Manfred Boelke – unter Verwendung von
Bildmaterial von Scott Maxwell/fotolia.de

Satz und Gestaltung: Martin Meier

Druck: **FINIDR**, Český Těšín, Tschechische Republik

ISBN 978-3-930243-51-8

Dieses Buch wurde nach den Regeln
der alten Rechtschreibung lektoriert.

Omega®-Verlag, Gisela Bongart und Martin Meier (GbR)

D-52080 Aachen • Karlstr. 32
Tel: 0241-168 163 0 • Fax: 0241-168 163 3
e-mail: info@omega-verlag.de
www.omega-verlag.de

Inhalt

Vorwort 7

Was ist eine Bestellung beim Universum? –
Was funktioniert wann am besten?

Die schönsten Leser-Bestellerfolge 22

Der vergrabene Schatz – Die Anti-Zecken-Kur –
Wiedersehen mit einer Herzensfreundin –
Der goldene VW-Käfer – Aus dem Koma
zurückbestellt – Universale Lotterie –
Lebensmut und Antrieb bestellt – Hilfe bei
der Führerscheinprüfung – Die Ausgehhilfe –
Die Eigentumswohnung – Mitarbeiterin bei
personellem Engpaß bestellt – Eine Botschaft
aus dem Universum – Der geheilte Leistenbruch
– Manifestation aus dem Nichts – Perfektes
Timing – Die Wohnung mit Musikzimmer –
Seelenpartner und Lottogewinn – Ein zusätzliches Stück Garten – Mehr Sauerstoff – Partner
reklamiert – Kostenlose Urlaube – Maulwürfe
in Überraschungseiern – Die Bonuslieferung –

Neue Partnerschaft – Bezahlung der Autoreparatur – Schlanksein mit Hindernissen – Der Traum von New York – Phantasialand – Zufall? – Die Versöhnung der drei Schwestern – Ein Pferd vom Universum – Ein Lebenstraum wird wahr – Führung von oben – Trauer überwunden – Friede sei mit euch – Paß auf, was du bestellst! – Das geschenkte Auto – Lebensweg – Friede sei mit dir!

Super-Besteller 107

Edith Holl: Eine Frau ohne Grenzen – Jed McKenna: Das Universum – ein großer verspielter Welpe – Bärbel Mohr: Wenn alles sich ineinanderfügt

Nachwort: Über das Glück 129

Vorwort

Zunächst einmal möchte ich mich herzlich bedanken bei den vielen Lesern, die so fleißig an der Gewinnaktion auf meiner Website www.baerbelmohr.de mitgemacht und mich immer wieder mit schönen neuen Bestellgeschichten versorgt haben. Natürlich kann ich nicht alle verwenden, dazu sind es zu viele, aber ich freue mich über jede einzelne Zusendung und über jeden, der durch die Bestellungen beim Universum Hilfe oder Unterstützung gefunden hat.

Wie ihr gleich sehen werdet, gibt es Bestellungen aus allen Bereichen, und die erstaunlichsten Dinge tragen sich zu. Nicht alle Menschen sprechen dabei in Gedanken mit dem Universum, manch einer redet lieber mit Gott oder dem Unterbewußtsein. Das ist völlig unerheblich, denn es steckt dasselbe Prinzip dahinter. Ich rede deshalb mit dem „Universum", weil das Universum für mich alles enthält, was es gibt. Ich muß mich dann nicht festlegen, wer genau mich so wundervoll unterstützt. Fühle in dich rein, wie es sich für dich am besten anfühlt, und dementsprechend nennst du es dann: Schutzengel, Universum, inneres Licht, Urschöpfung, Gott oder wie auch immer.

Ich wünsche mir, daß die Lesergeschichten auch andere inspirieren und ermutigen, an sich selbst und ihre Fähigkeit, mit dem Universum zu kommunizieren, zu glauben. An der Art, wie die Leser berichten, kann man oft auch erkennen, mit welchen Gefühlen sie wie bestellt haben, und es wird häufig zwischen den Zeilen deutlich, warum das Universum selbst in einigen sehr schwierigen Fällen geliefert hat.

Was ist eine Bestellung beim Universum?

Die meisten Leser, die sich dieses Buch kaufen, werden den einen oder anderen Titel zu den *Bestellungen beim Universum* schon kennen. Aber wer weiß, vielleicht hast DU das Buch ja gerade im Buchhandel entdeckt, ohne je ein anderes zu diesem Thema gelesen zu haben. Für dich ist dieser Abschnitt als kurze Zusammenfassung gedacht, damit dir ein müheloser

Quereinstieg gelingt. Alle alten Hasen können von hier mit einem Hechtsprung zum nächsten Absatz springen, oder sie lesen diesen Teil ganz einfach als Wiederholung oder Erinnerung.

Eine Bestellung beim Universum basiert auf der Annahme, daß unsere Einstellungen und Gedanken unsere Realität beeinflussen, daß also zwischen dem, was wir denken, und dem, was wir tatsächlich erleben, ein Zusammenhang, eine Resonanz besteht. Das bedeutet, daß wir – ob wir wollen oder nicht – grundsätzlich Co-Schöpfer unserer Realität sind und wir die Umstände unseres Lebens miterzeugt haben. Wir haben sie mit unseren inneren Einstellungen, Glaubensmustern und der Qualität unserer Gedanken quasi „bestellt" – und zwar beim Universum. Darunter verstehe ich die All-Einheit von allem, was es gibt, den „universellen Geist" oder wie auch immer du es nennen magst – von mir aus auch Gott, Engel, geistige Welt oder dergleichen, die Bezeichnung ist nicht wichtig. Zwar sind wir auch eingebunden in Familie und Gesellschaft, die uns mitbeeinflussen, dennoch sind wir selbst hauptverantwortlich auch dafür, wie sehr wir uns von diesen beeinflussen lassen.

Daher: Wenn sowieso ich für die Umstände meines Lebens verantwortlich bin und ich sie durch meine Gedanken quasi selbst bestellt habe, nur meistens unbewußt, warum dann nicht lieber zum bewußten Besteller werden und mir somit bewußt meine eigene Realität selbst bestellen?!

Ein aktiver Universumsbesteller formuliert zum einen bewußt die Dinge, die er erreichen möchte, und dabei darf auch mit ganz alltäglichen Kleinigkeiten geübt werden. Jeder Kontakt zum Universellen Geist ist eine Art Übung und fördert die weitere Kommunikation mit dem Universum und der inneren Quelle. Also ist fleißiges Üben angesagt. Zum anderen aber arbeitet der aktive Universumsbesteller an seiner inneren Einstellung. Wenn etwas nicht klappt, sind nicht die anderen schuld, sondern es gilt, die eigenen Glaubenssätze zu überprüfen und die inneren Qualitäten zu erhöhen.

Was ist anders, wenn ich bewußt beim Universum bestelle, als wenn ich mittels Verstand und gezielter Handlung meine Wünsche zu realisieren versuche? Ich spare eine Menge Zeit und Arbeit, und ich erhalte Ergebnisse, die sich optimal zum Wohle aller ins Ganze fügen. Wie kann das sein? Ganz einfach: Da der Universelle Geist die All-Einheit repräsentiert, in der alles enthalten ist, kennt er im Gegensatz zu meinem Verstand alles und alle Möglichkeiten. Der Universelle Geist muß nicht herumprobieren und sich auf Zufälle verlassen, sondern er kann mich bewußt zur richtigen Zeit an den richtigen Ort führen, und DAS spart immens viel Zeit. Zwar wird auch dadurch nicht alles im Leben möglich, aber mindestens tausend Mal mehr, als wenn man alleine herumwurschtelt.

„Wieso sollte das dann auch noch dem Wohle aller dienen, wenn ich egoistisch einen Wunsch nach dem anderen loslasse?", fragst du dich nun vielleicht. Kannst du dir einen rundum glücklichen und erfüllten Menschen, in Harmonie und stetiger Verbindung mit dem Universellen Geist vorstellen, der die Natur zerstört, aggressiv zu seinen Mitmenschen ist oder sie gar umbringt? Wahrscheinlich nicht. Das Ziel eines Dauer-Univerumsbestellers besteht nicht darin, nur einen fetten Wagen vor der Tür stehen zu haben und sich mit beim Universum bestellten Statussymbolen aller Art zu umgeben, sondern vielmehr darin, ein individuell glücklich und erfülltes Leben zu führen. Dahin kommt man um so schneller und leichter, je mehr man in Verbindung mit seinem wahren Wesenskern ist. Niemand kann die Stimme des universellen Lieferboten vernehmen und gleichzeitig sich selbst völlig fremd sein. Besser in Kontakt zu kommen, ein leichteres freudvolleres Leben zu führen, bedeutet immer wieder, seinem wahren Wesenskern näherzukommen bzw. einer Art innerem Licht, das ich den Universellen Geist nenne oder von mir aus auch die Intuition, und das wird auf Dauer automatisch dazu führen, sich seinem vollkommenen Potential zu nähern. Unserem Planeten könnte nichts Besseres passieren, als daß alle diesem Potential in sich selbst wieder ganz nahe kommen. Wenn vom Postboten bis zum höchsten Wirtschaftsboss und Politiker alle verbunden mit diesem inneren Licht handeln würden, dann wäre schlagartig Frieden auf der Erde!

Was funktioniert wann am besten?

Gerade im gesundheitlichen Bereich gibt es Bestellungen, bei denen einem vor Überraschung Mund und Nase offenstehen bleiben können: Wie kann es das geben? Aber wenn ihr die Berichte der betreffenden Leser lest, spürt ihr es schon: Da wurde mit der Kraft der Herzens bestellt, mit einer großen Klarheit, die gar keine andere Realität zuläßt, oder die Leser waren auf intelligente Art und Weise naiv, haben „einfach so" mal auf das Gute vertraut und wurden reich belohnt dafür.

Prof. Mirsakarim Norbekov aus Usbekistan (siehe sein Buch *Eselsweisheit*) hat herausgefunden, daß ein und dieselbe Gesundheitsübung drei verschiedene Wirkungen haben kann: Entweder a) gar keine oder b) eine schadende oder c) eine heilende. Wobei sich c) noch unterteilen läßt in langsam heilend oder schnell heilend. Der äußere Übungsablauf kann dabei völlig identisch sein. Den Unterschied macht allein die innere Haltung.

Die Norbekov-Trainerin Tatyana Jerkova, die Gesundheitstrainings auch hier bei uns durchführt, berichtete mir, daß das Gehirn alle 30 Sekunden ein Signal an sämtliche Körperzellen sendet und sie über diese innere Haltung informiert. Und daran orientieren sich die Zellen in ihrer Entscheidung „gesund" oder „krank".

Sogar Menschen mit 60 Prozent Verbrennungen, die normalerweise für den Rest ihres Lebens durch extreme Vernarbungen gekennzeichnet sein müßten, ist es gelungen, mittels gezielter Übungen in der richtigen inneren Haltung sämtliche Narben zurückzubilden, als hätten sie nie welche gehabt. Zu so viel ist unser Körper in der Lage!

Daß ich mit einer Brille auf der Nase herumrenne ist ein Zeichen meiner Faulheit, sonst gar nichts. Wenn ich nach jeweils 60 Minuten am PC eine Viertelstunde Augenentspannungsübungen machen würde, bräuchte ich keine. Ich habe das schon mit großem Erfolg ausprobiert und habe inzwischen drei verschiedene Brillenstärken hier herumliegen. Je nachdem, wie ich gerade drauf bin bei meinen Augenausgleichsübungen, brauche ich eine völlig andere Stärke. Leider halte ich das regelmäßige Üben in der richtigen

Einstellung nicht durch, und so falle ich immer wieder zurück. Dann reiße ich mich wieder am Riemen, und es geht aufwärts bis zum nächsten Faulheitsanfall. Wobei ich die Norbekovsche Erkenntnis, was meine Augen angeht, zu 100 Prozent bestätigen kann: Augenübungen mit Freude und Dankbarkeit durchgeführt, führen in rasanter Geschwindigkeit zu Verbesserungen der Sehfähigkeit. Eine Dioptrie Verbesserung in wenigen Tagen war kein Problem.

Laut Norbekov muß man 40 Tage so weitermachen, um das neue Programm im Gehirn zu verankern. Tjaaa, und da stürze ich dann regelmäßig ab. Nicht weil ich nicht durchhalte beim Durchführen der Übungen, sondern weil ich nach einiger Zeit die innere Haltung dabei verliere. Ich bin geistesabwesend, nicht in der Freude, ziehe die Übungen nur so durch oder will mich dabei beeilen. Gestresstes Üben, das ist das größte Übel von allem, die Resultate lassen sofort zu wünschen übrig. Es ist völlig sinnlos, sich selbst belügen zu wollen, denn der Zusammenhang ist eindeutig, kristallklar und tritt sofort auf.

Das Universum kann nichts dafür. Es wäre meine Sache, das, was ich weiß, auch konsequent anzuwenden. Vielleicht plane ich mal sechs Wochen Urlaub ein und mache nichts anderes. Dann sollte es eigentlich klappen. Es fehlt halt ein bißchen am Druck, denn so schlimm ist so eine Brille ja nicht, als daß ich ihretwegen sechs Wochen Urlaub einlegen würde.

Wie schaut es bei dir aus? Wie klar bist du in dem, was du erreichen möchtest?

Laß uns gemeinsam einen Schnelldurchlauf machen: Wann klappt was, und was sollte ich mindestens in mich selbst investieren, wenn ich erfolgreich beliefert werden möchte? Danach stürzen wir uns in die vielen inspirierenden Berichte von Lesern.

Gesundheitsbestellungen: Meine innere Haltung bestimmt, was mein Körper ausführt. Welchen inneren Impuls erhalten meine Zellen alle 30 Sekunden? Such dir Behandlungsmethoden und Übungen aus, die du mit Freude durchführen kannst. Glaube an dich selbst und an die Kraft des Universums in dir. Nimm dir Zeit für dich selbst (hüstel – ja, den Satz hänge ich mir jetzt selbst an den Spiegel, denn ich muß ihn selbst mehr beherzigen!).

Partnerbestellungen: Wenn du an deine bisherigen Beziehungen denkst: welches Gefühl hast du dabei? Wenn du nun statt dessen an eine Idealbeziehung denkst und dir vorstellst, sie wäre dir bereits vom Universum geliefert worden: welches Gefühl hast du dann? Hülle unerwünschte Gefühle gedanklich in Licht und Liebe und liebe dich selbst so, wie du bist. Und erwünschte Gefühle bestellst du einfach mit: „Bitte, liebes Universum, sende mir mehr von diesem Gefühl!"

Bis zur Idealpartnerlieferung kannst du üben, selbst der Idealpartner zu sein, den du dir wünschst. Du kannst an Freunden, Verwandten, Kollegen üben, an jedem, der dir begegnet. Sei dir bewußt, wie oft du vielleicht keine Lust dazu hast – mir geht es ganz klar so, daß ich nicht jedermanns Liebling sein möchte. Nimm wahr, daß es deine Entscheidung ist, was du aus einer zwischenmenschlichen Beziehung jeglicher Art machst. Suche dir gezielt ein paar Personen, bei denen du wirklich deinen Fokus darauf richtest, das Beste aus eurer Freundschaft oder Bekanntschaft zu machen.

Wenn du nur auf den Idealpartner wartest, bis du zwischenmenschlich echten Einsatz zeigst, dann hast du es längst verlernt, bis er auftaucht. Dann nutzt die beste Seelenpartnerlieferung mit fünf Sternen und Idealkarma nichts, denn dann wirst du sie aufgrund fehlender sozialer Kompetenz ruckizucki selbst zerstören. Deshalb: Immer schön üben und selbst zum Idealgefährten für andere Menschen werden!

Wohnungsbestellung: Wie möchtest du dich in deiner idealen Wohnung fühlen? Kultiviere das Gefühl in dir, rufe es dir einmal täglich in Erinnerung. Trainiere die Intuition und deine Offenheit gegenüber dem Leben, damit du die passende Gelegenheit auch erkennst, wenn das Universum liefern möchte. Eine Seite der Medaille ist, dich zur richtigen Zeit von der inneren Stimme an den richtigen Ort führen zu lassen, um die Wohnung ohne viel zu suchen gleich zu finden. Die andere Seite ist, daß auch der neue Vermieter oder Verkäufer deiner Wohnung oder deines Hauses voraussichtlich ein Mensch sein und menschlich reagieren wird. Je mehr du Selbstliebe und Wohlwollen auch dem anderen gegenüber ausstrahlst, desto eher bekommst du die Wohnung.

Berufs- und Berufungsbestellungen:
Kein Mensch kann seine Berufung finden, der nicht zuvor sich selbst gefunden hat. Übe authentisch zu sein in den kleinen Dingen des Lebens, dann finden dich die großen ganz von allein.

Laut Umfragen verrichten 88 Prozent der Deutschen nur lustlos Dienst nach Vorschrift. Hurra, das ist genial, denn das ist deine Chance, wenn du motiviert und engagiert bist! Denn mit ein bißchen Intuition, gutem Willen und liebevollem Einsatz gehörst du damit einer Minderheit von 12 Prozent an. Das wird nicht nur deinem Chef oder deinen Kunden auffallen, sondern auch dem Universum.

Eine der beeindruckendsten Geschichten, die mir ein mittelständischer Unternehmer mal erzählt hat, war die, daß er Millionär wurde in dem Moment, in dem er es aufgegeben hatte, reich werden zu wollen. „Wozu die ganze Hetze?", hatte er sich gefragt und wollte lieber glücklich leben. Ihm selbst sollte es gut gehen, und er wollte entspannt leben, aber auch den Kunden sollte es gut gehen, den Mitarbeitern und der Familie sowieso. Damit erzeugte er ein so gutes Klima in seinem Unternehmen, daß die schlechten Mitarbeiter kündigten, die besten Leute der Konkurrenz statt dessen zu ihm kamen, und die Kunden stürmten den Laden. Solange er mit Druck versucht hatte, reich zu werden, war keiner glücklich, und auch die Kunden waren weitaus rarer. Erzeuge also einen Sog von Positivität, damit deine Berufung und dein Glück dich finden können!

Generell geht es beim Bestellen immer darum, daß wir unsere inneren Qualitäten entwickeln, dann liefert das Universum dir die dazu passenden äußeren Lebensumstände und Gelegenheiten. Das deutlichste Zeichen von Weisheit ist anhaltend gute Laune selbst in schlechten Zeiten, im Sinne von: Ich liebe diesen Augenblick, und ich bin dankbar, daß ich in diesem Augenblick lebe. Ich spüre mich und liebe mich so, wie ich bin.

Wenn du das als Impuls von innen heraus in die Welt gibst, trägst du nicht nur zu deinem Glück etwas bei, sondern zur positiven Entwicklung der ganzen Welt!

In diesem Sinne wünsche ich dir viel Freude und Inspiration beim Lesen der vielen folgenden Leserbestellgeschichten.

Alles Liebe!
Eure Bärbel

Die schönsten Leser-Bestellerfolge

Der vergrabene Schatz

Gleich als ersten Test bestellte ich mir beim Universum, in meinem Garten einen vergrabenen Schatz zu finden. Ihr werdet es nicht glauben, doch kurz darauf fand ich in meinem Garten tatsächlich einen Silbertaler so groß wie meine Handfläche, der aus dem Jahre 1772 (!) stammt. Ich glaubte meinen Augen nicht zu trauen. Ich dachte sofort an meine Bestellung.

Ein Gutachter schätzte den Wert dieser Münze auf ca. 500 Euro! Dieses Erlebnis bestärkte mich noch mehr in meinem Glauben an das Universum. Nochmals vielen Dank, liebes Universum!!

– Robert

Die Anti-Zecken-Kur

Der Sommer 2008 war extrem, was Zecken betrifft. Ich hatte acht Zeckenbisse und fürchtete mich sehr, eine Borreliose zu bekommen. Prompt bekam ich sie auch. Eines Tages fand ich den typischen roten Borreliosefleck an meinem Bein, nur daß ich damals noch nicht wußte, daß dies ein Zeichen für Borreliose ist. An dieser Stelle hatte ich ehrlich gesagt gar keine Zecke bemerkt, es muß wohl die neunte Zecke gewesen sein.

Ich ging erst zum Arzt, als der Fleck immer größer wurde und um das ganze Bein herumwuchs. Der Arzt wollte mir gleich Antibiotika verschreiben. Aber das Leben hat mir beigebracht, die Ratschläge von Ärzten zu hinterfragen, selbst wenn sie Medizin studiert haben und ich nicht. Meine Rückfrage bei Borreliose-Spezialisten ergab denn auch, daß die Einnahme von Antibiotika so lange nach der Infektion nicht unbedingt Sinn machte.

Aber nun bekam ich es mit der Angst zu tun, und ganz passend dazu wurde es auch immer schlimmer: Gelenkschmerzen stellen sich ein, Schwindel, Müdigkeit und schließlich Gedächtnisausfall. Ich schickte eine SOS-Bestellung ans Universum und versuchte alle Kräuterkuren, von denen ich hörte. Nichts half. Ein klarer Fall für eine Reklamation beim Universum. Seltsamerweise war mir, als könnte ich die Stimme des Universums ganz deutlich in mir hören. Es sagte, alles werde gut werden, ganz ohne Antibiotika, aber ich müßte mich auf mein Vertrauen konzentrieren.

Es war eine Herausforderung. Aber jedes Mal, wenn ich kurz davor war, doch zu einem konventionellen Arzt zu gehen, hatte ich ein Gefühl, als hielte mich das Universum an den Haaren zurück. Ich brachte es nicht über mich zu gehen und blieb zu Hause.

Irgendwann kam aus dem privaten Kreis der Tip, mir ein Photonengerät für zwei Monate zu mieten. Das tat ich auch, und siehe da: Das war der Durchbruch! Als ich merkte, wie es täglich besser wurde, verschwand auch die Angst, und meinem Eindruck nach beschleunigte das neue Vertrauen die Heilung ungemein. Auf einmal tauchte auch noch ein Kräutermittel auf, und in kurzer Zeit hatten sich schließlich alle Beschwerden vollkommen aufgelöst. Danke Universum für deine Geduld mit einer Skeptikerin wie mir!

- *Sonja*

Wiedersehen mit einer Herzensfreundin

Vor zwei Jahren flog ich das erste Mal in meinem Leben auf die Malediven. Auf Machafushi, einem kleinen smaragdfarbenen Inselchen, begegnete ich Julia, einer italienischen Tauchlehrerin, die mir liebevoll und mütterlich zugleich half, meine Angst vor dem Tauchen zu überwinden, mit der ich Hand in Hand an den herrlichen Korallenriffen entlang schwamm und staunend die herrliche, farbenfrohe, stille und doch so lebendige Welt unter dem Meeresspiegel entdeckte. Nie hatte ich geahnt, daß es in der Tiefe so wunderschön sein könnte. Sie zeigte mir Mördermuscheln, warnte mich vor einem Stachelrochen, wir beobachteten die Fische in den Korallenblöcken, freuten uns über silberglänzende Fischschwärme, die wie ein Baldachin über uns schwammen, und immer wieder gab es noch schönere, noch interessantere Lebewesen für mich zu entdecken.

Hinterher an Land schleckerten wir unser Eis, schlürften unseren Cappuccino und hatten viel zu erzählen und noch mehr zu lachen. Vierzehn Tage lang genoß ich dieses Paradies und die Begegnung mit Julia. Dann flog ich heim, der Kontakt brach ab, und ich sah und hörte nichts mehr von meiner Tauchlehrerin. Sie und ihr Lebensgefährte Thorsten gingen zu einer anderen Tauchbasis. Aber ich wünschte mir von ganzem Herzen, ihr wieder zu begegnen, das, was ich dort gesehen und erlebt hatte, hatte mich zutiefst beeindruckt und mein Leben um eine kostbare Erfahrung bereichert. Doch sie blieb verschollen. Meine Freude an der Welt unter Wasser und die stille Sehnsucht nach Julia blieben. Sie hatte mir einfach die Augen für eine Wunderwelt geöffnet. Für mich war es eine neue Entdeckung der Liebe, einer Liebe für die überwältigend schöne göttliche Schöpfung, die unter der Meeresoberfläche verborgen ist.

Nachdem ich vom kosmischen Lieferservice gehört hatte, kam ich auf die Idee, mir ein Wiedersehen mit Julia beim Universum zu bestellen. In diesem Jahr reiste ich nach Ägypten ans Rote Meer. War es ein Zufall, der mich nach Safaga führte? Gleich nach der Ankunft bummelte ich zur Tauchbasis, und ich faßte es nicht: Julia war da. Unter den Tausenden – nein Abertausenden – nein Millionen Tauchschulen auf der Welt waren wir uns an einem winzigen relativ unbekannten Fleckchen Küste wieder begegnet!

– *Andrea*

Der goldene VW-Käfer

Vor drei Jahren mußte ich wegen finanzieller Engpässe meinen silbernen VW-Sharan verkaufen. Meine Kinder waren sehr traurig, darum sagte ich: „Okay, als nächstes bestellen wir uns einen goldenen Wagen, als Steigerung von Silber!" Ich muß dazusagen, daß ich ein Käfer-Freak bin, denn meine ersten beiden Autos waren VW-Käfer.

Ich fuhr damals als Krankenschwester im mobilen Pflegedienst mit einem Dienstwagen umher, und auf dem Weg zu einem Patienten traute ich meinen Augen kaum: Da stand er – ein goldener Käfer! Im Fenster hing ein Schild: „Zu verkaufen! Telefon ..." Ich rief sofort dort an, und die nächste Überraschung war perfekt: Der Besitzer war mein ehemaliger Englischlehrer! Er hatte mich in guter Erinnerung (nach 25 Jahren!), und da er wollte, daß sein Käfer in gute Hände kommt – ein super gepflegter Oldtimer – und er sich total über meinen Anruf freute, habe ich den Käfer fast geschenkt bekommen. Wir haben zwei wunderbare Jahre miteinander verbracht(der Käfer, meine Familie und ich), nun habe ich ihn weitergegeben, um Platz für meinen eigentlichen Wunschkäfer zu haben: Baujahr 1956, schwarz, mit Faltdach und „Teufelsaugen", Export, mit Speichenfelgen und weißen Reifen, frisch durch den TÜV und hochglänzend. Ich freue mich schon riesig darauf und gebe Bescheid, wenn er geliefert wird.

– *Manuela*

Aus dem Koma zurückbestellt

Am 09.03. erlitt mein Ehemann (43 Jahre alt, Nichtraucher, Nichttrinker, ohne Übergewicht) einen schweren Herzinfarkt, der dazu führte, daß er über 40 Minuten reanimiert werden mußte. Die Ärzte konnten uns leider keine Hoffnung machen, da er ins Koma fiel und keinerlei Reaktionen zeigte.

Stundenlang saß ich an seinem Bett, hielt seine Hand, streichelte ihn und redete mit ihm. Jeden Tag sprach ich mit den Ärzten in der Hoffnung, doch noch eine Perspektive im Sinne von „Ihr Mann wird überleben" zu erhalten. Leider, leider hieß es immer nur: „Wir können es nicht sagen, Sie müssen Geduld haben!"

Unsere Kinder, drei an der Zahl, waren völlig verzweifelt. Am 14.03. war mein Geburtstag, tieftraurig saß ich am Bett meines Mannes und schickte ein Stoßgebet nach dem anderen gen Himmel. Nichts geschah.

Als ich am Abend nach Hause kam, lag in unserem Briefkasten ein buntes Päckchen. Ich riß es auf und fand darin ein Buch: „Der kosmische Bestellservice". Kurz blätterte ich darin rum, legte es aber schnell wieder beiseite, da ich Realistin bin – war?! – und ich mir auch nicht vorstellen konnte, daß dieses Buch mir helfen könnte. Weitere Tage vergingen, es war bereits der 20.03., der Zustand meines Mannes war unverändert schlecht, da nahm ich eines Abends dieses Buch doch noch zur Hand und begann es zu lesen, nein, zu verschlingen. Sehr skeptisch, aber nichtsdestotrotz begann ich in dieser Nacht, meine erste Bestellung beim Universum aufzugeben. Ich bestellte, daß mein Mann mich erkennt und versteht.

Als ich am Morgen des 21.03. die Intensivstation betrat, öffnete mein Mann die Augen, und ich sprach ihn an. Ich sagte: „Michael, wenn du mich verstehst, klimpere bitte mit den Augen", und mein Mann klimperte wie wild. Ich konnte kaum glauben, was ich da erlebte. Hatte ich nur geträumt, oder waren meine Nerven so strapaziert? Ich wußte nun gar nicht mehr, woran ich war.

Um mir zu beweisen, daß ich nicht spinne, bestellte ich in der darauffolgenden Nacht wieder. Ich bestellte, daß mein Mann mit mir spricht. Meine Bestellung wurde am darauffolgenden Morgen prompt ausgeliefert, und mein Mann sagte, mit Tubus im Hals: „Ich liebe dich." Glücklich rannte ich zu den Ärzten, um die Neuigkeit zu übermitteln. Ein Arzt nahm mich zur Seite und sagte: „Frau S., Sie haben schwere Wochen hinter sich, es kann nicht sein, daß Ihr Mann mit Ihnen gesprochen hat, soll ich Ihnen ein Beruhigungsmittel spritzen?" Leider konnte ich den Arzt an diesem Tag nicht davon überzeugen, daß mein Mann sprechen kann, aber es ging weiter.

Munter bestellte ich nun jeden Abend etwas zur Gesundung meines Mannes. Ich bestellte, er sollte meine Hand drücken, seine Füße bewegen usw. All meine Bestellungen wurden innerhalb von 12 bis 24 Stunden ausgeliefert. Nun konnten auch die Ärzte erkennen, daß es mit meinem Mann aufwärts ging. Er erholte sich relativ gut und konnte bald auf ein normales Zimmer verlegt werden. Ein Neurologe eröffnete mir dann aber, er habe meinen Mann eingehend untersucht und sei danach zu dem Schluß gekommen, daß mein Mann durch die lange Reanimation wohl einen schweren Hirnschaden davongetragen hätte. Als ich ihm sagte, dies könne nicht stimmen würde, ich kennte doch meinen Mann, wurde er sehr streng mit mir und verbat sich solche Äußerungen meinerseits, denn er wäre der Arzt, und solche Fälle hätte er schon mehrfach erlebt.

Nun ja, ich ließ mich nicht beirren und bestellte weiter. Ich bestellte, daß mein Mann das Lesen nicht verlernt hätte. Am nächsten Tag brachte ich meinem Mann eine Zeitung mit, und er begann zu lesen. Wie eine Verrückte rannte ich über die Station, um jedem zu verkünden, daß mein Mann von seiner Intelligenz nichts einge-büßt hatte. So ging es weiter – mein Mann begann wieder zu laufen, zu essen – dies hatte er fast vier Wochen nicht getan –, er las weiterhin, schaute fern, wusch sich selbst, zog sich an – alles Dinge, die ein normaler Mann auch macht. Ein Arzt sagte mir, es wäre das erste Mal in seiner zwölf-jährigen Laufbahn, daß er einen Menschen mit einem solch schweren Krankheitsbild gesehen hätte, der sich wieder so erholte.

Am 11.05. konnte mein Mann das Kran-kenhaus wieder verlassen, und er ist heu-te so weit wiederhergestellt, daß er bereits stundenweise seine Arbeit wieder aufnehmen, seinen Kindern wieder ein liebevoller Papa und mir ein wunderbarer Ehemann sein kann. Wir können heute unser großes Glück immer noch nicht so richtig fassen, und jedem, dem ich diese Geschichte erzähle, schüttelt nur ungläubig mit dem Kopf.

Ich bin heute fest davon überzeugt, daß es eine höhere Macht geben muß. Ich bin mir nur nicht sicher, ist es Gott, das Universum oder, oder. Eines ist jedoch sicher: Ich bin unendlich dankbar, dieses Buch geschenkt bekommen zu haben! Es hat mir und unseren Kindern die Kraft gegeben, die wir brauchten, um diesen Schicksalsschlag zu überstehen. Es würde mich sehr freuen, wenn diese Geschichte auch anderen Menschen, Lesern, Mut und Hoffnung machen könnte.

– *Rosemarie*

Universale Lotterie

Vor drei Jahren nahm ich mir vor, eine Ausbildung zur Familienaufstellerin zu absolvieren, mir fehlte lediglich das Geld dafür. Da fiel mir eins von Bärbel Mohrs Büchern in die Hände, und ich dachte: Na, wenn's so leicht ist, dann bestell ich gleich mal 10.000 Euro für die Ausbildung. Irgendwo schreibt sie was von zu viel Bescheidenheit, also bestellte ich gleich noch 50.000 Euro dazu.

Nun kaufte ich mir ein Achtellos bei Faber, was ich bis dahin noch nie gemacht hatte. Und gerade, weil ich es 1. noch nie auf diese Weise versucht hatte, 2. sehr beschäftigt und 3. zwischendurch total glücklich war und mich innerlich völlig reich fühlte, vergaß ich das alles.

Sechs Wochen später traf bei mir ein Brief von Faber ein, in dem stand, mein Achtellos hätte gewonnen, und wenn ich es an die Auszahlungsstelle schickte, würden mir 60.000 Euro auf mein Konto überwiesen.

Zuerst dachte ich, die lange Zahl sei meine Kundennummer. Aber ich hatte tatsächlich gewonnen, und die Summe wurde mir überwiesen. Inzwischen leite ich Familien- und Skriptaufstellungen innerhalb und außerhalb meiner kreativen Schreibseminare (ich bin auch Autorin und Musikerin) und gebe diese Geschichte des öfteren zum Besten. Wer Bärbel Mohrs Bücher noch nicht kennt, schreibt sich regelmäßig Titel und Autorin auf und freut sich nach dem Kauf über die Entdeckung.

– *Andrea*

Lebensmut und Antrieb bestellt

Während ich vor den Bestellbüchern nur so vor mich dahingelebt habe und mein Dasein irgendwie langweilig fand, haben meine Bestellungen dazu geführt, daß ich mein Leben verändert habe. Und zwar total! Ich habe im Alter von 38 Jahren mein komplettes altes Leben hinter mir gelassen und bin nach London gegangen. Etwas, das ich immer machen wollte, wozu ich aber nie den Antrieb oder den Mut hatte.

Genau dies, Antrieb und Mut, habe ich mir bestellt. Und ich habe sie bekommen. Anstatt zu warten, daß ein anderer mein Leben für mich in die Hand nimmt (was sowieso nie passiert wäre), habe ich es nun selbst in die Hand genommen.

Da ich zu Anfang in London schwer mit den Finanzen zu kämpfen hatte, habe ich mir einfach alles bestellt, was ich haben wollte. Einen Fernseher bekam ich geschenkt und schließlich sogar ein Auto. Mein Leben, das ohnehin schon gut war, ist inzwischen fast perfekt durch das Vertrauen, daß ich immer Hilfe beim Universum bestellen kann.

– *Christine*

Hilfe bei der Führerscheinprüfung

Da ich im ländlichen Raum wohne, war es für mich unbedingt notwendig, mobil zu sein. Aus wirtschaftlichen – und ich muß gestehen auch aus nervlichen und gesundheitlichen – Gründen hatte ich den Führerschein immer wieder vor mir hergeschoben. Als dann eines Tages mein Mann alleine mit einem Freund in Urlaub fuhr und ich den Wagen jeden Tag vor der Türe stehen sah, wuchs mein Entschluß, mich für den Führerschein anzumelden. Gedacht getan. Irgendwann kam dann die theoretische Prüfung. Ich fiel durch!!! Für mich eine absolute Katastrophe!

Dann bekam ich Bärbel Mohrs Buch in

die Hand, und ich begann, das Bestellen zu üben bzw. mich in das Universum „einzuschwingen". Jeden Tag nach dem Mittagessen legte ich mich 20 Minuten auf mein Bett und meditierte. Über meine Gedanken, Gefühle und Empfindungen versuchte ich irgendwelchen schützenden Wesen auf der anderen Seite klarzumachen, wie wichtig der Führerschein für mich war. Das machte ich etwa drei bis vier Wochen lang.

Dann kam der Tag der praktischen Prüfung. Die theoretische hatte ich durch fleißiges Lernen inzwischen bereits gepackt. Es begann damit, daß der Prüfer sich verspätete und damit wenig Zeit für uns alle hatte. Dann fuhren wir los. Ich muß hinzufügen, daß die Gegend, in der ich wohne, früher zeitweise holländisches Gebiet war, und aus dieser Zeit gibt es noch eine Brücke, die angehoben wird, wenn Frachtschiffe durchfahren, besonders bei Hochwasserstand,. Dann steht natürlich der ganze Verkehr still. Und genau dies passierte bei meiner Führerscheinprüfung. Wir konnten nicht vor und zurück. Ähnlich ging es dann weiter. Nach etwa 500 Metern stießen wir auf einen

Leiterwagen, auf dem die Schüler des aktuellen Abiturjahrganges zur Feier durch die Straßen zockelten. Deshalb konnten wir weiterhin nur im Schritttempo fahren. Schließlich kamen wir auf den Parkplatz. „Nun parken Sie dort mal rückwärts ein!", sagte der Prüfer zu mir. Die zugewiesene Parklücke war allerdings extrem eng. Ich fuhr brav vorwärts, um mich in Position zu bringen, und genau in diesem Moment fuhr jemand hinter mir – vorwärts – genau in diesen Parkplatz. Ich hätte den Fahrer umarmen und küssen können! Die nächste Lücke, die wir dann sahen, war wesentlich breiter, so daß ich nahezu mühelos hineinkam. Zurück in der Fahrschule erfuhr ich dann, daß ich bestanden hatte. Somit hatte ich endlich meinen Führerschein!

Zum Glück habe ich ihn schon sehr lange nicht mehr gebraucht, denn ich bin eine hundsmiserable Autofahrerin. Trotzdem werde ich diese Führerscheinprüfung wohl nie vergessen, und viele haben sich über mein Glück schon köstlich amüsiert.

– *Gudrun*

Die Ausgehhilfe

Ich bin 26 Jahre alt und lebe in der Schweiz in einem Heim für Körperbehinderte. Wer bei uns nach 23 Uhr ins Bett will und Hilfe dabei braucht, muß sich in eine Liste eintragen, die nur zehn Plätze umfaßt (bei ca. 50 Bewohnern). Vor allem Freitage und Samstage sind verständlicherweise schnell ausgebucht. Wer sich da nicht frühzeitig einen Platz in der Liste ergattert, hat das Nachsehen. Es sei denn, man kennt den kosmischen Bestellservice. Der hat mir schon mehrmals aus der Patsche geholfen, wenn ich abends spontan ausgehen wollte. Plötzlich ist eine Kollegin krank und will früher ins Bett – schwups, ein Platz wird frei! Oder jemand kommt auf mich zu und fragt, ob ich mit ihm/ihr Tage tauschen will. Einfach genial, dieses universale Versandhaus!

– Arpad

Die Eigentumswohnung

Ich bin begeisterte Bestellerin beim Universum! Hier meine Geschichte: Vor zwei Jahren wohnten wir noch in einer kleinen Mietwohnung, aber ich dachte manchmal, wie schön es wäre, etwas Eigenes zu besitzen. Dann würden auch die vielen Mühen, die man sich mit einer Wohnung und dem Garten so macht, mehr Spaß machen, da ja alles Bestand hätte. Aber mir war immer klar, daß ich mir eine eigene Wohnung oder gar ein Haus (vor allem in München) nie würde leisten können. Auch mein Mann war nie der große Häuslebauer und sagte: „Alles viel zu teuer!" Da dachte ich, man könne es ja mal bestellen. So eine nette Wohnung mit Dachterrasse wäre super. Das wäre eine tolle Alternative zum Haus mit Garten, was ja in der Stadt wirklich unbezahlbar ist. Es muß ja auch keine neue Wohnung sein, nur die Bausubstanz und die Umgebung müßten stimmen. Gerne dürften auch Bad und Küche so unmodern sein, daß man alles neu gestalten kann. Dann hätte ich als Innenarchitektin auch noch Freiraum für meine Ideen, und mit viel Eigenarbeit würden wir den Umbau schon hinkriegen. Gewünscht und bestellt.

Urplötzlich schien auch mein Mann plötzlich den Wunsch zu verspüren, endlich eine eigene Wohnung zu besitzen. Ich hatte ihm selbstverständlich nichts von meiner Bestellung erzählt, noch hatte ich dieses Thema überhaupt angesprochen. Ich vertraute einfach dem Universum.

Wir beschlossen, uns mal vorsichtig auf dem Immobilienmarkt umzusehen und ein wenig zu schnuppern. Unsere Vorstellungen waren sehr präzise, aber die Angebote preislich einfach jenseits von Gut und Börse, auch wenn wir nur nach einem renovierungsbedürftigem 70er-Jahre-Bau Ausschau hielten. Wir haben vier Wochen lang ein paar Anzeigen studiert und gerade mal vier oder fünf Wohnungen besichtigt, die in Frage kamen – alles nicht schlecht, aber nicht unsere Wohnung.

Dann las ich eine Anzeige in der Zeitung, und ich wußte sofort: Das ist SIE! Wenn auch nur die Hälfte stimmte und der Preis um 30 Prozent zu drücken wäre. Aber ich wußte genau: Das ist es! Zitternd habe ich den Besitzer angerufen und einen Besichtigungstermin vereinbart. Meinem Mann berichtete ich ganz aufgeregt, wir hätten unsere Wohnung gefunden, dabei hatte ich sie noch nicht mal von außen gesehen. Ich schwärmte ihm vor, wie wir Bad und Küche neu gestalten, da diese bestimmt sehr alt wären. Und ich schlug ihm vor, die Wand zum Wohnzimmer einzureißen und eine offene Küche zu gestalten. Ich wußte genau, wie der Grundriß aussah, obwohl ich nicht mal einen Plan kannte. Mein Mann war genervt, da die Wohnung viel zu teuer war und ich schon mit den Umbaumaßnahmen kam.

Wir besichtigten die Wohnung trotzdem, und es war der Hammer: 70er-Jahre Bau, gute Bausubstanz, Bad und Küche dringend renovierungsbedürftig, Dachterrasse, nette Wohngegend (genau der Stadtteil, den ich bestellt hatte) und alles so, wie gewünscht. Nur der Preis war immer noch zu hoch.

Mein Mann und ich einigten uns auf einen Kaufpreis X (zuzüglich der Umbaumaßen), den wir ausgeben könnten, aber keinen Euro mehr. Nun hieß es pokern. Wir haben dem Besitzer unseren Betrag X genannt, und es gab ein langes Hin und Her. Sechs Wochen lang konnten wir uns nicht einigen.

Doch wir waren erstaunlicherweise die ganze Zeit über die einzigen ernsthaften Interessenten. Ein Paar sprang kurzfristig ab, andere hatten Angst vor einer Renovierung, bei einem weiteren Interessenten platzte in letzter Minute die Finanzierung, andere hätten die Wohnung über einen teuren Makler kaufen müssen (wir hatten auf die private Anzeige geantwortet) und so weiter. Der Besitzer aber blieb hart.

Wir hatten beschlossen: Sollte es wirklich unsere Wohnung sein, dann wird sie genau *den* Preis kosten, den wir ausgeben können – andernfalls bleiben wir in der Mietwohnung. Nach vielen Gesprächen mit dem Besitzer, in denen wir uns nicht einigen konnten, sagten wir dann ab, und es tat uns seeehr leid. Die Wohnung war genau so, wie wir sie uns gewünscht hatten. Wir sagten dem Besitzer, er könne ja weiter nach Käufern suchen. Wenn er niemanden fände, solle er uns wieder anrufen und an uns verkaufen (natürlich zu unserem Preis). Es grenzt an ein Wunder, daß tatsächlich kein anderer Käufer kam. Und die Wohnung war schon zum Zeitpunkt des Kaufs mehr wert, als wir bezahlen konnten.

Heute wohnen wir in unserer Traumwohnung. Wir haben alles umgebaut (die Wand zwischen Küche und Wohnzimmer rausgerissen, Bad und Küche erneuert – alles, wie ich es mir vorgestellt hatte), viel viel eigene Arbeit geleistet und lieben diese Wohnung. Sie war für uns bestimmt. Auf wundersame Weise ging alles genau so auf, daß wir uns diese Wohnung leisten konnten. Es war exakt der Kaufpreis, den wir schon Monate vorher errechnet hatten. Danke, liebes Universum! Wir freuen uns täglich über unser Glück!

– *Erika*

Mitarbeiterin bei personellem Engpaß bestellt

Durch Turbulenzen in unserem Betrieb und der damit verbundenen Kündigung zweier Mitarbeiter hatten wir personelle Schwierigkeiten. Wir wußten nicht, wie wir die nächste Zeit überbrücken sollten. Man kann sich ja nicht vierteilen. Doch die Personalsuche ist nicht einfach. Der/die neue

Mitarbeiter/in sollte nicht nur ins Team passen, sondern auch gut bei Kunden ankommen.

In der Vergangenheit haben wir etliche Fehlgriffe erlebt und dadurch so manchen Kunden verloren oder erst gar nicht gewonnen. Da die Stellen schnell besetzt werden mußten, hatten wir Angst, wieder den Nächstbesten einstellen zu müssen. Aus Erfahrung wußten wir, daß ein geeigneter neuer Mitarbeiter nicht so schnell zu haben ist. Eine Anzeige mußte aufgegeben, Kandidaten eingeladen und aus allen Bewerbern die passende Person herausgefiltert werden. Da geht so manche Woche ins Land. Zeit hatten wir diesmal aber nicht. Die offene Stelle mußte innerhalb einer Woche besetzt werden. Panik machte sich breit.

Vor kurzem hatte ich das Buch *Bestellungen beim Universum* gelesen. Ich erzählte meiner Frau davon, aber sie lachte nur darüber und meinte, das funktioniere vielleicht bei einem Parkplatz, aber ein neuer Mitarbeiter sei etwas ganz Kompliziertes. Nach einer kurzen Diskussion waren wir uns einig, daß wir ja nichts zu verlieren hätten. Also bestellten wir uns beim Universum einen idealen Mitarbeiter, der plötzlich zur Tür hereinkomme und völlig unverbindlich nach einer offenen Stelle frage. Wir lachten noch kurz darüber und gingen dann mit diesem Lächeln ins Bett. Am nächsten Tag haben wir nicht mehr darüber geredet und die Bestellung im Alltagstrubel vergessen.

Der Tag verstrich ohne nennenswerte Ereignisse. Am darauffolgenden Morgen stellte sich jedoch bei uns eine nette Bewerberin vor. Sie habe über Umwege durch ihre Tochter erfahren, daß bei uns dringend eine Arbeitskraft gesucht werde. Zwar sei sie nicht arbeitslos, aber eine innere Kraft habe sie neugierig gemacht, und nun stünde sie hier.

Was soll man dazu sagen! Unsere liebe Petra arbeitet jetzt schon zwei Jahre hier und hat sich als Volltreffer erwiesen. Sie sprüht vor Ideen, denkt mit und entwickelt sich zur Rakete. Zufall oder doch die Auslieferung einer Bestellung beim Universum? Für uns keine Frage!

– *Manfred*

Eine Botschaft aus dem Universum

Eine Leserin erzählte mir (Bärbel Mohr), daß ihr Mann bei einem Unfall gestorben war. Und während ihr 11-jähriger Sohn und sie noch völlig unter Schock standen, tauchte ein Problem nach dem anderen auf. Eins davon war, daß ihr Mann alle Konten-, Bestell- und Buchhaltungsangelegenheiten geregelt hatte, das meiste davon übers Internet. Weil man beim Online-Banking genauso wie bei Bestellungen oder dem Abrufen von Rechnungen etc. einen Benutzernamen und ein Kennwort braucht, hatte der Mann eine Liste mit sämtlichen fürs Internet relevanten Daten angelegt, sie jedoch sorgfältig versteckt. Und nun war er gestorben, und seine Frau und sein Sohn hatten nicht den blassesten Schimmer, wo die Liste sein könnte.

Seine Frau sagte mir, sie hätte noch nicht einmal genau gewußt, bei welchen Banken er Konten hatte. Da er Freiberufler war, was das Ganze ziemlich unübersichtlich für sie. In ihrer Verzweiflung und Unsicherheit bestellte sie schließlich beim Universum, daß die Liste auftauchen sollte, damit der Bruder ihres Mannes ihr beim Abwickeln der anstehenden Erledigungen besser helfen konnte.

Zwei Tage später träumte der Sohn von seinem Vater und war sehr glücklich darüber, weil er mit ihm auf einer Wiese Fußball spielen ging, so wie früher. Gegen Ende des Traums nahm der Vater den Sohn beiseite und sagte ihm, daß er eine Schatzkarte im Haus versteckt hätte, und verriet ihm wo.

Der Sohn wachte auf, sprang aufgeregt aus dem Bett und suchte gleich nach der Schatzkarte. Was er fand, war die versteckte Liste mit den ganzen Zugangsdaten für alle Bank- und Kundenkonten seines Vaters. Als er damit zu seiner Mutter ging und ihr alles erzählte, fing diese prompt zu weinen an. Ihr Sohn war erst etwas erschrocken. Aber als sie ihm erzählte, daß sie vor Freude weinte, weil Gott und sein Vater ihnen geholfen hätten, weinte der Sohn gleich mit.

Die Leserin teilte mir mit, daß im nachhinein betrachtet die Liste für sie gar nicht das Wichtigste an diesem Ereignis gewesen sei. Viel wichtiger war für sie, daß sie beide seitdem irgendwie getrösteter seien und der Tod ihres Mannes sich nicht mehr ganz so endgültig anfühle. In gewisser Weise scheine er für sie und ihren Sohn noch da zu sein, und sowohl sie als auch ihr Sohn seien seitdem wieder etwas fröhlicher und hätten neuen Mut schöpfen können.

Der geheilte Leistenbruch

Unsere Tochter hatte mit drei Jahren einen großen Leistenbruch. Der Arzt war der Ansicht, daß wir unbedingt sofort operieren müßten. Er sagte, er selbst habe auch ein schwaches Bindegewebe und habe sich schon viermal am Leistenbruch operieren lassen müssen, da könne man nichts machen. Das erschien uns irgendwie nicht sehr vertrauenerweckend. In dem Alter schon Krankenhaus und OP, und dann die lebenslange Narbe – wir wollten das nicht einfach so hinnehmen und versuchten es beim Universum. Wir folgten die nächsten drei Jahre lang jedem Hinweis: Heiler in Brasilien, Heiler auf den Philippinen. Das Obskure war, daß selbst diese Heiler meinten, sie könnten ja fast alles, aber bei Leistenbruch könne man nichts machen, den müsse man operieren.

Nun haben wir auf diesen Reisen Querschnittsgelähmte getroffen, die durch die Heiler wieder gehen gelernt haben, Todkranke, die wieder vollkommen genesen sind, und weitere unglaubliche Geschichten. Und dann wollen die uns erzählen, Leistenbruch wäre eine Ausnahme, das müsse operiert werden! Das konnten wir nicht glauben.

Wir verlegten uns auf eine andere Taktik und suchten nach den seelischen Ursachen für so eine Manifestation. Wir suchten mit Hypnose bei unserer Tochter, wir machten Familienaufstellungen, wir ließen nichts aus.

Drei Jahre später war zwar nichts Schlimmeres passiert, aber der Leistenbruch war auch kein Stück besser geworden. Wir sandten einen Hilferuf ans Universum: „Jetzt haben wir doch wirklich alles getan, das kann nicht dein Ernst sein. Bitte laß dir etwas einfallen, um unsere Tochter zu heilen!"

Kurz darauf tauchte ein neuer Heiler in Deutschland auf. Ich ging hin, wieso auch nicht. Schlimmer konnte es ja nicht werden. Ich hatte ein Bild von unserer Tochter dabei und fragte ihn, ob er auch bei Leistenbruch was machen könnte. Ich zeigte ihm das Bild und fragte ihn, ob ich mit meiner Tochter mal zu ihm kommen solle. Der Heiler war begeistert und meinte, das sei gar nicht nötig. Er könne sehen, daß da schon ganz viel auf spiritueller Ebene gelöst und gearbeitet worden wäre, da fehle nicht mehr viel, das könne er auch so. Er schoß mit dem Finger eine Sekunden lang Energie in das Bild, gab es mir zurück und wandte sich dem nächsten Fragenden zu.

„Naja", dachte ich mir, „was war das denn jetzt?" Als ich heimkam, blieb mir allerdings der Mund offenstehen. Der Leistenbruch war nicht mehr zu sehen (vorher hatte man an der Stelle immer eine dicke Beule von hervorstehenden Innereinen gesehen). Aufgeregt rief ich den Kinderarzt an und vereinbarte einen Termin. Er konnte ebenfalls keinen Leistenbruch mehr finden und sagte mir dann, daß sich das bei kleinen Kindern manchmal auch auswachse. In der Größe zwar eigentlich nicht, aber da hätten wir offenbar viel Glück gehabt.

Ein Leistenbruch, der sich von heute auf morgen auswächst? Ich habe lieber den Mund gehalten, statt ihm das mit den universellen Kräften zu erklären. Man wird so ungern für verrückt gehalten. Aber eine Nachwirkung hatte das Ganze für mich und meinen Mann noch. Wenn wir jetzt mal Probleme im Geschäft haben oder sonst irgendwo, dann sagen wir uns gegenseitig: „Denk an den Leistenbruch! Nichts ist unmöglich, wir müssen nur dran glauben und Geduld haben. Dann kann das Universum uns irgendwann wieder die richtige Tür öffnen." Wir leben seitdem viel mehr im Vertrauen und sind von daher im nachhinein dankbar, daß das alles passiert ist.

- Gaby & Frank

Manifestation aus dem Nichts

Gestern war ich unterwegs, um einen ersteigerten Artikel abzuholen. Nachdem das Objekt im Auto verstaut war, habe ich es bezahlt. Was ich danach mit meinem

Portemonnaie gemacht habe, kann ich nicht mehr genau nachvollziehen. Ich habe mit den Leuten noch gesprochen, alles andere ging mehr oder weniger automatisch, ohne darüber nachzudenken.

Als ich auf dem Heimweg etwa drei Dörfer weiter war, habe ich dann zur Sicherheit neben mich auf den Beifahrersitz gegriffen. Dort liegt immer mein Rucksack, und in einer der Außentaschen steckt normalerweise mein Portemonnaie. Es paßt auch nur an dieser Stelle, deshalb steckt es dort.

Nun tastete ich, aber diesmal ist da nichts. Ich suche weiter (alles während ich fahre), kann aber nichts finden. Also fahre ich rechts raus und suche. Als erstes habe ich mir den Rucksack vorgenommen. Alle Außentaschen (auch die ganz kleinen) durchsucht. Nichts! Die Tasche, in der das Portemonnaie normalerweise sitzt, ist leer! Im Rucksack innen ist ebenfalls nichts. Auch nichts auf den Sitzen, unter den Sitzen, hinter den Sitzen, im Handschuhfach, im Kofferraum, in den Türfächern. Mein Portemonnaie ist spurlos verschwunden!

Mir kommt der Gedanke, ich könnte es

vielleicht – idiotischerweise – aufs Dach gelegt, dort vergessen haben und dann losgefahren sein. Also wende ich und fahre zurück. Mit den Augen suche ich schon mal die ganze Strecke ab. Nichts.

Wieder zurück, klingle ich die Leute nochmal raus, erzähle die Geschichte, und wir suchen zusammen alles nochmal ab. Dann kontrollieren wir gemeinsam den Rucksack und vor allem auch die Tasche, in der normalerweise das Portemonnaie steckt. Es ist leer und offen!

Ich gebe auf, stelle mich auf allerlei unangenehme Folgen ein (alles Wichtige war dort drin!) und mache mich auf den Heimweg. Bis zu der Stelle, an der ich zuvor gewendet habe und zurückgefahren bin, suche ich nochmal genauestens den Weg ab, soweit das vom fahrenden Auto aus möglich ist. Dann ist auch das vorbei. Ich beschließe, jetzt ganz ruhig zu bleiben und darauf zu vertrauen, daß sich alles wieder fügt.

Ich schicke eine Bestellung ans Universum in der Art: „Wenn ihr mich hört, falls ihr überhaupt da seid, dann schickt mir mein Portemonnaie unversehrt und mit allem Inhalt zurück. Laßt es einfach wieder auftauchen. Meinetwegen materialisiert es einfach, am besten in seine Tasche, wo es hingehört. Ich verspreche, ich werde auch versuchen, in nächster Zeit geduldiger und nicht mehr so ungerecht zu allen um mich herum zu sein. Bitte tut etwas."

Dann kommt irgendwann in den nächsten 10 Minuten eine Ampel, an der ich anhalten muß. Ich greife nochmal in meinen Rucksack, und nun denke ich, ich spinne: Das Portemonnaie sitzt in seiner Tasche, und die Tasche ist geschlossen!!!

Ich öffne die Tasche, nehme es heraus und prüfe seinen Inhalt: Alles ist noch da! Es ist keine optische Täuschung. Und doch war es vorher nicht dagewesen, nicht sichtbar und nicht fühlbar, und die Tasche war offen gewesen. Sogar eine fremde Person hat sich davon selbst überzeugt. Und ich habe es nochmal nachgeprüft, nachdem ich wieder alleine war und diese Person schon längst weg war. Und jetzt ist mein Portemonnaie wieder da! Wenn das nicht an ein Wunder grenzt!

– Helga

Perfektes Timing

Ich habe mir eine Erfolgsserie vom Feinsten kreiert: Ich hatte bestellt, mein Haus zu verkaufen und eine schöne Wohnung mit eigenem Garten und Blick ins Grüne in unmittelbarer Stadtnähe zu finden. Ferner wollte ich Weihnachten nicht zu Hause verbringen, und bei meiner anstehenden Scheidung wollte ich nicht dabei sein.

Letztere war meine wichtigste Bestellung. Die Anwältin sagte mir aber, es sei unumgänglich, daß ich beim Scheidungstermin dabei bin. Zwar forsche sie seit 15 Jahren an einem Gesetz, daß eine Scheidung auch in Abwesenheit ermögliche, aber in Hessen gelte das Vier-Augen-Prinzip, und ich müsse selbst dann kommen, wenn ich beispielsweise ein Gewaltopfer meines Mannes wäre – dann halt mit Bodyguard. Ich sagte: „Hey, Universum, ich sehe ein, das könnt selbst ihr nicht schaffen. Also besorgt mir einen Arzt, der mir ein starkes Beruhigungsmittel verschreibt, denn sonst überlebe ich das nicht."

Ich lernte durch Bärbels Empfehlung der Website www.seelenpartner.de jemanden aus Florida kennen, der mich über Weihnachten und Silvester zu sich nach Hause einlud. Danach verkaufte ich das Haus und fand ruckizucki eine süße Erdgeschoßwohnung mit einem tollen Garten, der nur von meinem Balkon aus zu betreten ist, und der bestellte Blick ins Grüne ist einfach genial.

Dann kam der Scheidungstermin – am 23.12! Ich flippte aus und dachte, die spinnen doch. Also rief ich bei meiner Anwältin an und beschwerte mich über diesen Termin, einen Tag vor Weihnachten, sagte, daß ich Flugtickets nach Flordia hätte und an diesem Termin nicht könne, sie sollten die Scheidung bitteschön vor dem 18.12. anberaumen. Und siehe da – ich erhielt einen Rückruf, die Richterin würde in diesem Fall auf meine Anwesenheit verzichten, es reiche eine schriftliche Erklärung von mir. Wobei sie noch sagten, sie würden es erst nach der Urteilsverkündung glauben, denn sowas hätte es bislang noch nicht gegeben und ich solle mich nicht zu früh freuen. Aber es klappte!

Das Timing stimmte perfekt: Erst Hausverkauf und Umzug am 15.12. in die neue

Wohnung, 18.12. Abflug nach Florida und Zurückkommen in die neue Wohnung und geschieden sein seit dem 23.12.!

– *Judith*

Die Wohnung mit Musikzimmer

Ich suchte seit über einem Jahr eine Wohnung und hatte mir schon etliche Objekte angeschaut. Als ich schließlich in denselben Straßen, ja sogar in denselben Häusern bereits die zweite oder dritte Wohnung besichtigt hatte, fiel mir auf, daß an der Sache wohl irgend etwas nicht stimmen könne. Nicht die Wohnungen waren die falschen, sondern irgend etwas an meiner Vorstellung von der zukünftigen Wohnung mußte falsch sein. Mir war inzwischen auch aufgefallen, daß ich mich einfach nicht entscheiden konnte, ich konnte einfach zu keiner Wohnung ja sagen. An den Wohnungen selbst lag es gar nicht.

Eines schönen Samstagabends lag ich im Bett und beschloß, daß es so nicht weitergehen könne. Ich erforschte ernsthaft mein Inneres, und siehe da, es stellte sich heraus, daß ich mir bisher einfach nicht das zugestanden hatte, was ich mir eigentlich wünschte. Ich hatte mir vorgestellt, daß ich mir nur die allerbilligste Wohnung in einem verlotterten Mietshaus würde leisten können, und hatte auch nur etwas Derartiges gesucht. Aber was wünschte ich mir denn EIGENTLICH, so wirklich eigentlich, wenn ich ganz ehrlich wäre und Geld keine Rolle spielte?

Ich stellte mir vor, ich hätte einen Bestellkatalog mit der Aufschrift „Universum" vor mir liegen, und ich müßte jetzt einen Bestellzettel ohne Kommentare und Rumgezicke ausfüllen, kurz, sachlich, prägnant Und da stellte sich heraus, daß ich auf keinen Fall eine Stadtwohnung wollte, vielmehr müßte sie im Grünen liegen, dennoch stadtnah sein und auf jeden Fall nur einen Katzensprung von meiner Arbeitsstelle entfernt. Super realistisch!! Zudem müßte sie einen Garten haben, der nur mir allein gehörte und in dem ich nach Herzenslust werkeln könnte, ohne daß mir irgend jemand dreinredet. Eine Einbauküche mit Geschirrspülmaschine müßte sie sowieso haben. Sie müßte groß, hell und mit Parkettböden ausgestattet sein. Außerdem müßte es noch einen Raum geben, am besten einen separaten Raum, in dem ich Tag und Nacht ungestört Klavier üben, trommeln, singen oder grölen könnte – ich bin nämlich Musiklehrerin. Mit einem bittersüßen Lächeln beendete ich mein Gedanken- und Bestellexperiment, dachte an den notorisch nicht auftauchenwollenden Millionär in meinem Leben und legte mich schlafen.

Am nächsten Morgen, es war ein Sonntag, mußte ich wieder mal in die Schule hetzen, um im letzten Moment noch eine Projektwoche vorzubereiten. Es war halb neun Uhr morgens, und plötzlich, kurz bevor ich die Schule erreichte, fällt mir meine Bestellung wieder ein. Ich biege ohne nachzudenken in eine kleine Straße ein, in die ich in meinem Leben noch nie eingebogen war, und drei Sekunden später stehe ich vor einem Gartentor, an dem ein Schild hängt: „Wohnung mit Garten und Hobbyraum zu vermieten." Den Rest der Wohnungsbeschreibung kann man oben in meinem Bestellformular nachlesen. Der Vermieter stand auch gerade im Garten, ich sprach ihn an, saß etwa drei Minuten später im Wohnzimmer, und wir wurden uns handelseinig. Was sagt man dazu?

– *Inge*

Seelenpartner und Lottogewinn

Angefangen hatte alles an einem regnerischen Herbsttag. Meine Tochter war auf einer Klassenfahrt, ich war allein mit meinem Mann, von dem mich mehr trennte als mich mit ihm verband, und tief im Inneren verspürte ich Sehnsucht nach meinem Seelenpartner. Ich fühlte mich so allein und wußte mir keinen Rat. Also ging ich spazieren, beobachtete die Regentropfen, lief durch die Stadt, und inmitten dieses verzweifelten Spaziergangs stellte ich mir den Mann vor, der zu mir paßt. In Gedanken hatte ich mir schnell meinen Seelenpartner „gebastelt". Äußerlichkeiten waren mir egal, was zählte, waren die inneren Werte: Ehrlichkeit, Intelligenz, er sollte ein Vielleser sein (so wie ich), liebevoll, romantisch, Weintrinker (kein Biertrinker), Nichtraucher usw.

Ich erinnerte mich meiner literarischen Vorbilder (Murphy, Erhard Freitag etc.) und gab eine Bestellung auf. Und während ich meine Bestellung an diesem trüben Herbsttag aufgab, hatte ich das Gefühl, daß da draußen irgendwo mein Seelenpartner auf mich wartete. Aber so einfach macht es uns das Universum nicht. Ich brauchte noch ein Jahr, dann trennte ich mich von meinem damaligen Ehemann. Sieben Wochen später lernte ich im Internet meinen jetzigen Partner kennen. Seit drei Jahren sind wir zusammen. Er ist die Liebe meines Lebens, und in drei Monaten ziehen wir zusammen.

Irgendwann danach las ich einige Bücher von Bärbel Mohr, so daß ich die nächsten Bestellungen noch exakter ausführen konnte. Meinen zweiten großen Bestellerfolg hatte ich vor genau einem Jahr. Damals war ich finanziell ganz schön abgebrannt, mein Noch-Ehemann zahlte für unsere gemeinsame Tochter schon seit einem halben Jahr keine Alimente mehr, und mein Konto wies nur noch ein sehr geringes Guthaben aus. Als ich im Bett lag, keine Hoffnung mehr auf irgend etwas hatte, bestellte ich laut genügend Geld. Das Universum lieferte prompt. Ich gewann eine fünfstellige Summe im Lotto!

Beide Bestellerfolge haben mir gezeigt, wie perfekt das Universum funktioniert. Leider bin ich noch immer nicht eine so tolle Bestellerin, die sich schon abends die Wünsche für den nächsten Tag zurechtlegt, aber immer dann, wenn nichts mehr geht, hilft das Universum weiter!

– *Biggi*

Ein zusätzliches Stück Garten

Als wir unser Haus gekauft haben, waren wir bis über beide Ohren mit Arbeit eingedeckt, doch irgendwann hatten wir Licht in unserem Garten geschaffen und wünschten uns, er wäre etwas größer, damit ich Gemüse anbauen kann. Diesen Wunsch schickte ich ohne Umschweife ans Universum. Einen Teil der Hecke, die uns von unserer Nachbarin trennte, hatten wir abgeholzt, so konnte unsere 80jährige Nachbarin uns immer im Garten begrüßen.

Ein paar Wochen nach Abschicken unserer Bestellung beim Universum kam unsere Nachbarin auf uns zu und lobte uns, wieviel wir schon im Garten gearbeitet hätten und wie wunderschön er geworden sei. Völlig unvermittelt fragte sie uns dann, ob wir nicht noch ein Stück von ihrem Garten haben wollten, denn die Arbeit damit wäre ihr zuviel geworden, und sie wolle nicht immer ihre Kinder um Hilfe bitten. Wir bräuchten ja nur den Zaun zu entfernen.

Wir haben natürlich begeistert zugesagt. Sie wollte dann ihre Kinder bitten, das Schriftliche mit uns zu erledigen. Da beschlichen uns ein paar Sorgen, wieviel die Herrschaften wohl von uns an Pacht oder Miete haben wollten und ob unser Budget das zulasse. Daraufhin haben wir gleich wieder eine Bestellung abgeschickt, das Universum möge es bitte gut mit uns meinen, schließlich würde es uns kennen und wissen, was wir zahlen können, damit noch genügend übrig bleibt, um den dazugewonnenen Garten auch bewirtschaften zu können. Drei Tage später kam es dann zum Pachtvertrag: 50 Euro pro Jahr für ca. 400 Quadratmeter! Wir haben uns riesig gefreut.

Das ist nun drei Jahre her, und in diesem Garten wachsen nun Salat, Kohlrabi, Gurken, Paprika, Tomaten, Erdbeeren, Himbeeren, Kartoffeln und vieles mehr. Es gibt für mich nichts Schöneres, als rauszugehen und zu überlegen, was es heute zu Mittag gibt.

– *Elke*

Mehr Sauerstoff

Kurz vor Weihnachten ging es mir gesundheitlich so schlecht, daß ich wegen Luftnot ins Krankenhaus mußte. Da der Sauerstoffgehalt im Blut nur noch so niedrig war, wollte die Ärztin aus der Notaufnahme, daß ich auf der Intensivstation künstlich beatmet werde. Das war gar nicht in meinem Sinne, also schickte ich eine Bestellung ans Universum, mein Sauerstoffgehalt möge sich schnell bessern.

Auf der Intensivstation angekommen bekam ich sofort eine Sauerstoffbrille auf die Nase, und dann versuchte die Ärztin, eine Sonde in meine Leiste einzubringen, worüber sie kontinuierlich den Blutdruck prüfen und ständig Blut abgenommen werden konnte, um den aktuellen Sauerstoffgehalt zu ermitteln. Diese Aktion klappte erst nach mehreren Versuchen. Während dieser Zeit war der Sauerstoffgehalt schon um einiges angestiegen, so daß auf eine künstliche Beatmung mit Beatmungsschlauch verzichtet werden konnte.

Nach drei Tagen konnte ich die Intensivstation verlassen. Für mich war diese Bestellung beim Universum nicht die erste, die erfüllt wurde. Ich bin froh, von dieser Art der Wunscherfüllung erfahren zu haben, mit der man sein Leben beeinflussen kann!

– *Christina*

Partner reklamiert

Ich möchte von einer wunderbaren Lieferung berichten, die nach einer erfolgreichen Reklamation eingetroffen ist. Schon vor einigen Jahren, nachdem ich Bärbels erstes Buch *Bestellungen beim Universum* gelesen hatte, hatte ich mir einen Mann bestellt, der zu mir paßt. Doch es kam zu keiner Lieferung. Zwar habe ich ein paar Männer kennengelernt, aber es wollte einfach nicht funken. Und so stellte ich mich langsam darauf ein, vielleicht sogar für den Rest meines Lebens allein zu bleiben. Da ich grundsätzlich ein positiver Mensch bin, hätte ich auch damit leben können.

Am 19. September war ich in Köln bei einem von Bärbels Vorträgen. Zum Ende mußten jeweils zwei Zuschauerreihen des Hörsaals zu ihr kommen, damit sie vom Rest des Publikums mit Kraft, Erfolg bei den Bestellungen und guten Wünschen bedacht wurden. Während das geschah, gab ich meine Reklamation beim Universum ab. Schließlich war die Bestellung des Mannes, der zu mir paßte, immer noch nicht eingetroffen. Da wurde es ja nun wohl höchste Zeit.

Positiv beschwingt verließ ich am Schluß Bärbels Vortrag und war noch Tage danach äußerst guter Dinge. Ich hatte das Gefühl, alles ist möglich. Und das war es dann wohl auch. Ich hatte mal wieder bei einem Gewinnspiel Konzertkarten gewonnen (ich gewinne übrigens überdurchschnittlich oft), und unter den Konzertbesuchern war auch ein attraktiver Mann, den ich bereits vom Sehen her kannte. Interessiert schaute er in meine Richtung. Aber weder er noch ich brachten es fertig, aufeinander zuzugehen und miteinander zu reden.

Am nächsten Morgen (Samstag) bestellte ich zwei Dinge. Ich wollte diesem Mann an diesem Tag wieder begegnen, um ihn ansprechen zu können. Mein zweiter Wunsch war, einen anderen Mann, den ich zwei Wochen zuvor kennengelernt hatte, nachmittags wiederzusehen, um mit ihm einen Kaffee zu trinken. Er war zwar nicht mein Typ (ich hatte ihn bereits für eine Freundin von mir vorgesehen), aber er war äußerst sympathisch, und wir hatten bei unserem ersten Treffen viel gelacht und uns viel zu erzählen gehabt.

Und stell dir vor. Am Samstag Mittag spazierte doch dieser heiße Jüngling vom Vortag mitten in der Stadt an mir vorbei, was mich persönlich nicht sonderlich überraschte, und ich brauchte noch nicht einmal viel Mut zusammenzunehmen, um ihn anzusprechen. Er gab zwar vor, sich nicht an mich zu erinnern, doch ich verwickelte ihn in ein kurzes Gespräch über das gestrige Konzert. Bevor er sich verabschiedete, sagte er mir noch kurz seinen Namen. Dann ging er. Kein Austausch von Telefonnummern, kein „man sieht sich mal wieder". Aber das machte nichts. Die Tatsache, daß er kein sonderliches Interesse zeigte, war Antwort genug.

Trotzdem mußte ich noch einige Zeit über diesen „Zufall" nachdenken und bummelte nachdenklich durch eine kleine Einkaufsstraße, wo ich zufällig in das Schaufenster eines Bettengeschäftes schaute. Vor einem großen Bett, direkt hinter dem Schaufenster, stand meine zweite Bestellung. Ich winkte ihm zu, und er winkte mich herein, so daß ich in das Geschäft ging, um ihn zu begrüßen. Frech gab er mir einen Kuß auf die Wange und spielte vor der freundlichen Verkäuferin meinen Freund: „Hallo, Schatz, ich kauf' gerade unser neues Bett." Bei seinem Kuß spürte ich einen Schauer vom Kopf bis zu den Füßen, und rational, wie ich manchmal bin, sagte ich mir selbst: „Du spinnst wohl, reines Wunschdenken, hör auf damit, er ist doch nun wirklich nicht dein Typ!"

Wir gingen dann anschließend zusammen was trinken und unterhielten uns vier geschlagene Stunden lang. Es dauerte zwar noch einige Wochen, bis wir tatsächlich ein Paar wurden, aber bereits nach diesem Treffen hatte sich bei mir etwas verändert. Ich war verliebt, ohne daß ich es mir eingestehen wollte, weil ich von meinem Zukünftigen einfach optisch eine andere Vorstellung hatte. Wie oberflächlich – ich weiß.

Nun sind wir bereits über acht Monate zusammen, haben unglaublich viel Spaß miteinander, lachen schrecklich viel zusammen (wir haben exakt denselben Humor), kochen (haben dasselbe Lieblingsessen), mögen dieselbe Musik. Es gibt wirklich unzählige Übereinstimmungen, die uns selbst manchmal verwundern. Oft haben wir zur selben Zeit sogar den gleichen Gedanken. Als hätten sich zwei verwandte Seelen getroffen.

So habe ich nach einem Vortrag von Bärbel Mohr den Mann meines Lebens getroffen, und ich habe keinen Zweifel daran, daß er es auf ewig bleibt. Das war wirklich eine erstklassige Lieferung, auch wenn ich etwas länger darauf warten mußte!

– *Sandra*

Kostenlose Urlaube

Ich war so dermaßen im Streß, daß ich unbedingt mal abschalten mußte. So bestellte ich mir beim Universum einen Kurzurlaub, der mich nicht viel kosten durfte. Gleichzeitig trennte ich mich gerade auch noch von meinem Lebensgefährten. Um mich aufzumuntern, rief mich meine Freundin an und lud mich mit ihren Eltern zu einem Wochenende im Schwarzwald ein. Noch jetzt erinnern die schönen Fotos an dieses tolle Wochenende, das ich in jeder Hinsicht sehr genossen habe.

Nach diesem Bestellerfolg wollte ich es genau wissen. Ich bestellte mir noch einmal einen Urlaub. Aber diesmal ging ich weiter: Der Urlaub durfte nichts kosten und mußte am Meer sein. Und was passiert? Ein Geschäftspartner und sehr guter Freund in Beirut lud mich ins teuerste Hotel mit dem schönsten Sandstrand ein. Gekostet hat es mich nichts. Sogar Taschengeld bekam ich zugesteckt, damit ich auch wirklich kein Geld brauchte. Jeden Tag wurde ich ausgeführt, zum Essen eingeladen und und und...

Na bitte: Wer sagt's denn. Nur vergessen muß man die Bestellung, dann klappt es!

– *Lena*

Maulwürfe in Überraschungseiern

Zur Zeit gibt es in den Überraschungseiern so kleine Maulwürfe. Die sammelt mein Sohn. Aus Spaß fing ich dann an, mir vor dem Öffnen eines Eis zu bestellen, daß ein Maulwurf drin sei. Und siehe da: wieder einer! Ich konnte es zwischenzeitlich selbst kaum glauben. Sogar wenn andere Leute ein Ei gekauft hatten (ich also bei der Auswahl keinerlei Einfluß hatte) und ich kurz vor dem Öffnen den Maulwurf bestellte, war einer drin. Nach einigen Maulwürfen fragte ich mich, ob ich vielleicht auch einen ganz bestimmten Maulwurf der Serie bestellen könnte. Und wieder: Es kam genau der bestellte Maulwurf!! Es war nicht zu fassen, gab es denn nur noch Maulwürfe in den Eiern? An Zufall glaubte schon niemand mehr. Als ich mal ein Überraschungsei ohne

Bestellung aussuchte, war kein Maulwurf drin.

Nur mit dem echten Maulwurf in unserem Garten habe ich nicht solche Erfolge, den versuche ich nämlich schon seit Monaten wegzubestellen. Wer weiß, vielleicht hat er sich ja genau meinen Garten als Traumdomizil bestellt!

– *Ulrike*

Die Bonuslieferung

Vor einiger Zeit habe ich meine Arbeitsstelle gewechselt (eine Geschichte, an der noch viele Mißerfolge und Bestellerfolge dranhingen, aber das ist ein anderes Thema). Als Abschiedsgeschenk bekam ich von meinen Kollegen einen Geschenkgutschein für eine spezielle ayurvedische Massage. „Fein, fein!", dachte ich und rief nach einiger Zeit in dem Institut an, um einen Termin abzumachen.

Am Tag des Massagetermins war ich bester Laune und bestellte mir auf dem Weg zum Institut etwas übermütig ein Geschenk zusätzlich zur Massage. Ich hatte allerdings keine Ahnung, was ich haben wollte. Mir schwebte vage so etwas vor wie ein Blumenstrauß oder sonstwas für die 10.000ste Besucherin oder so. Ich wäre aber auch schon mit einem Werbekugelschreiber zufrieden gewesen. Alles, was ich wollte, war „ein zusätzliches Geschenk zum Geschenk". Das war wie gesagt auf dem Weg zur Massagepraxis. Und ganz gemäß den Bestellregeln hatte ich es im nächsten Augenblick auch schon wieder vergessen. Was folgte, waren gute drei Stunden Rundum-Massage vom Feinsten mit allem Drum und Dran.

Bevor ich ging, bat mich die Dame um den Gutschein, um ihn abzuheften. Dann machte sie große Augen. Man hatte mir „aus Versehen" das ganz große Super-Luxus-Massage-Paket verpaßt, mein Gutschein war aber nur für eine kleinere Massage gewesen, die ca. die Hälfte gekostet hätte! Der „Fehler" war wahrscheinlich schon bei der telefonischen Terminvereinbarung entstanden, denn da hatte ich ja den Namen der Massage, so wie er auf dem Gutschein stand, angegeben, ohne zu wissen, was sich dahinter verbarg. Die Dame hatte nur gesagt, ich solle ordentlich viel Zeit mitbringen. Und auch am Tag des Termins hatte ich gleich beim Betreten des Instituts mit dem Gutschein gewedelt, den aber niemand sehen wollte. Da es nicht mein „Fehler" war, mußte ich natürlich nichts extra bezahlen. Und da fiel mir auch wieder meine Bestellung ein. Das war also das „zusätzliche Geschenk": eine kostenlose, mehr als dreistündige Super-Luxus-Massage statt der „normalen". Na, geht doch!

– *Lisa*

Neue Partnerschaft

Es war im Mai. Nach 17 Jahren Partnerschaft, davon fast zehn Jahren Ehe, eröffnete mir mein Mann, er habe eine Freundin. Ich, die nie geglaubt hatte, daß mir so etwas passieren könnte, reagierte sehr gelassen und sagte: „Okay, ich nehme euch jede Heimlichkeit. Du bekommst von mir ein halbes Jahr, um herauszufinden, ob sie deine Lebenspartnerin ist oder nicht." Damals sagte ich es auf alle Fälle für unsere beiden Kinder (7 und 8 Jahre alt) und weil ich unbedingt meine Ehe retten wollte, obwohl ich mit einem Materialisten verheiratet war, den es nie interessierte, wie es mir und den Kindern ging, Hauptsache ihm ging es gut.

Ende Juni machte seine Freundin Schluß mit ihm, und er trauerte und trauerte und erklärte mir, daß er wieder genauso reagieren würde, wenn er sie in zehn Jahren wiedersehen würde. Und jetzt kommt meine Bestellung ans Universum: Kurz darauf ging ich eines Nachts ins Freie, stellte mich unter den Sternenhimmel, streckte die Hände in die Höhe und sagte: „Universum, ich wünsche mir bitte von ganzem Herzen einen Mann, der mich versteht, mit mir umgehen kann und mich so liebt, wie ich bin." Mein Wunsch muß so intensiv und von Herzen gewesen sein, daß er sich genau zwei Wochen später erfüllte, als ich mit einer Freundin und ihrem Bruder Thomas ausging und mich am selben Abend in ihn verliebte. Drei Wochen später wurden Thomas und ich ein Paar, Ende des Jahres war ich glücklich geschieden, und seitdem lebe ich glücklich mit ihm und unseren vier Kindern. Thomas ist genau der Mann, den

ich mir immer gewünscht habe: einfühl-
sam, ein Familienmensch, humorvoll, und
er zeigt, wie schön das Leben sein kann.

– Gerda

Bezahlung der Autoreparatur

Auf die Frage, ob ich schon mal erfolgreich
beim Universum bestellt habe, kann ich
nur antworten: So oft schon, daß ich gar
nicht mehr alles weiß. Doch eine Geschichte aus meinen Anfängen als Bestellerin ist
mir besonders gut im Gedächtnis geblie-
ben. Ich war gerade umgezogen, und meine finanzielle Lage sah gelinde gesagt mehr
als bescheiden aus. Zu allem Überfluß
war dann auch noch eine teure und nicht
zu verhindernde Reparatur an meinem
bis dahin immer sehr zuverlässigen Astra
fällig. Genau zu diesem Zeitpunkt las ich
das Buch *Bestellungen beim Universum*
von Bärbel Mohr. Damals zweifelte ich
noch stark an vielen Dingen und brauchte
Beweise, um an das Universum und meine
Bestellungen zu glauben.

Ich sagte mir, schaden kann es nicht, und Hilfe kann ich allemal gebrauchen. Probieren geht also über Studieren: "Hallo, liebe Bestellannahme des Universums", fing ich vorsichtig an, "ich möchte gerne hier und jetzt etwas bestellen, nämlich daß irgend jemand so lieb ist und meine Autoreparatur für mich bezahlt." Gedacht hatte ich an Omi, die vielleicht mit ihrem grenzenlosen guten Herzen sagt: „Ach Kind, mach dir keine Sorgen, ich bezahl das für dich" –, so etwas in der Art hatte ich im Kopf. Was das Universum dann lieferte, war genial! Anmerken möchte ich noch, daß mir eine Tatsache bei der Wunscherfüllung sehr geholfen hat: Durch meinen Umzug hatte ich so viel zu tun, daß ich diesen Wunsch völlig vergaß (was ja Loslassen in Vollendung bedeutet)!

Ein ganz normaler Morgen um 6.45 Uhr. Ich war in Hektik, noch total verschlafen, Haare noch naß vom Duschen, im Morgenmantel bügelte ich meine Klamotten, als es an der Tür läutete. "Wer klingelt denn um diese nachtschlafende Zeit?", denke ich ungehalten, "nö, da mach ich nicht auf, wer was will, kann später wiederkommen." So blieb ich hartnäckig, der Klingler allerdings ebenso. Es klingelte und klingelte. Mist, ich mußte handeln. Haare schnell zusammengebunden, notdürftig bekleidet, alles in Windeseile, gerade bereit, die Tür zu öffnen, klopft es an eben dieser. Jetzt fuhr mir aber doch der Schrecken in die Glieder, wenn es schon an der Tür *klopfte*. Dann kam: „Aufmachen Polizei, wir möchten Ihnen gerne ein paar Fragen stellen." Völlig entsetzt riß ich die Tür auf, um den beiden Beamten mit erhobenen Händen entgegenzuschleudern: „Ich war es nicht". Dies löste einen mittelschweren Lachanfall bei den beiden aus. Na ja, im nachhinein muß ich wohl auch ein wenig komisch ausgesehen haben: riesengroße, weit aufgerissene Augen, zottelige Haare, seltsam gekleidet (ich hatte in der Eile eine kurze Hose und ein halbgebügeltes T-Shirt übergezogen). Die Beamten fragten, ob ich der Halter des anthrazitfarbenen Autos mit dem Kennzeichen xyz vor der Tür wäre. „Ja" sagte ich, „aber ich parke doch ganz vorschriftsmäßig." „Das schon, aber hatten Sie auch gestern Abend schon einen dicken Kratzer an Ihrer Fahrertür?", war die Antwort. Jetzt rutschte mir vollends das Herz in die kurze Hose, ich konnte nur noch an meine ohnehin nicht mehr wirklich vorhandenen Finanzen denken. „Nnnnnein" stotterte ich und wurde wohl blaß dabei, "einen Kratzer hatte ich nicht an meinem Wagen." „Das haben wir uns schon gedacht. Bitte zeigen Sie uns Ihren Ausweis und die Fahrzeugpapiere".

Das Fragezeichen in meinem Gesicht muß wohl so groß gewesen sein, daß ich sofort eine Erklärung bekam: „Heute Morgen ist Ihnen jemand ins Auto gefahren und danach abgehauen". Ich wurde noch blasser: „Doch was für ein Glück für Sie: Ein Nachbar hat es beobachtet, sich das Kennzeichen gemerkt und uns angerufen." Ich war so perplex, daß ich das erst einmal begreifen mußte, immerhin war es sehr früh am Morgen, und ich stand mit der Polizei in kaum vorzeigbarem Zustand in meinem kleinen Flur: „Was bedeutet das jetzt?", fragte ich dann peinlicherweise auch noch. Komisch, wieso grinsten die beiden eigentlich so, wo mir überhaupt nicht zum Grinsen war. „Das bedeutet, daß Sie von uns diesen blauen Durchschlag einer Anzeigenaufnahme erhalten, wir jetzt den Fahrer ermitteln werden, dieser eine Strafanzeige bekommt und

Ihnen der Schaden von der gegnerischen Versicherung erstattet wird. Fahrerflucht ist kein Kavaliersdelikt, sondern ein Straftatbestand", sagten sie noch „Aha", erwiderte ich hilflos, ich wußte noch immer nichts mit der ganzen Situation anzufangen. „Sie hatten aber wirklich Glück, junge Frau, nur in seltenen Fällen wird so etwas beobachtet, und dann auch noch zu dieser Uhrzeit, das nenne ich Glück! So eine Reparatur ist nämlich nicht billig."

Das war mein Stichwort: "Nicht billig", schoß es durch die Nebel in meinem Gehirn, da war doch was ... Sofort fiel mir meine Bestellung wieder ein, aber wie sollte das gehen??? Vor Erleichterung fragte ich die beiden noch, wer denn dieser nette Nachbar gewesen sei, der mein Retter war. Die beiden Polizisten gaben mir die Adresse. Abends fuhr ich mit einer Großpackung Merci hin und bedankte mich bei den Leuten. Was war geschehen?

Da ich nicht gezwungen war, den Schaden durch eine Fachwerkstatt reparieren zu lassen, rief ich meinen lieben Autodoktor Tassilo an und fragte ihn, ob er das für mich reparieren könne. Seine Antwort war so überraschend wie die Lieferung des

Universums: Ich nannte ihm die Summe des Kostenvoranschlags, und er sagte: „Für die Summe kann ich dir das ganze Auto machen!" Mein Unterkiefer fiel schwerelos nach unten, weil ich da erst wirklich begriff, daß tatsächlich jemand für mich meine Autoreparatur bezahlen würde. Mein Blick fiel dabei zum erstenmal so richtig auf den Polizeibericht und auf den Namen der Person, die mir ins Auto gefahren war. Er lautete: „Engel!". Ich liebe das Universum von ganzem Herzen!!!

P.S. Zuerst hatte ich ein wenig ein schlechtes Gewissen, daß ich eventuell den „Engel" durch meinen Wunsch dazu getrieben habe, in mein Auto zu fahren, doch dann sagte ich mir; es ist ja auch nicht so nett, danach einfach abzuhauen!

– *Julia*

Schlanksein mit Hindernissen

Ich habe schon einige erfolgreiche Bestellungen hinter mir, aber die spektakulärste möchte ich hier einmal schildern, weil man daraus auch etwas lernen kann:

Ich war eigentlich seit meiner Teenager-Zeit immer unzufrieden mit meiner Figur. Ich habe Tausende von Diäten ausprobiert, wie eine Besessene Sport getrieben, aber auf der Waage veränderte sich dadurch nicht das geringste. Ich habe dann irgendwann ganz entnervt bestellt: „Liebes Universum, bitte mach, daß ich 65 kg wiege (bei meiner Größe völlig ok)!"

Nun ja, ich hätte es einfach etwas genauer formulieren sollen, denn meine Bestellung wurde zwar geliefert, aber die Art und Weise war nicht so schön. Ich bekam furchtbaren Liebeskummer, und das erste Mal im Leben verschlug es mir wirklich den Appetit. Ruckizucki war ich runter auf 65 kg, aber meine Psyche war leider auch im Keller. Dann kam ich auf die Idee, umzubestellen. Ich sagte zum Universum: „Dankeschön, so schlank war ich noch nie. Und ich möchte das Gewicht auch gerne halten, aber ich möchte dabei bitteschön auch glücklich sein und mich ohne Kummer an meiner Figur erfreuen können."

Was soll ich sagen, der Liebeskummer ließ bald nach, ich bin mittlerweile in einer glücklichen Beziehung und habe, ohne besondere Anstrengung, immer noch meine 65 kg. Ich esse alles, was mir schmeckt, und fühle mich wohl.

Also: Beim Bestellen vielleicht manche Dinge etwas genauer definieren!

– *Sandra*

Der Traum von New York

Das war ein ganz irrer „Zufall": Ich hatte Anfang Februar geträumt, ich stehe in New York in einem Hotelzimmer hoch oben an einem Fenster, das bis zum Boden reicht, und dabei fürchte ich, aus dieser großen Höhe hinunterzufallen. Ich hatte ein klares Bild von der Stadt – links war der Central Park, und so halb rechts konnte ich die Wolkenkratzer sehen. Morgens wachte ich auf und wußte nicht: War ich jetzt dort oder was? Der Traum war so real und hatte mich so bewegt, daß ich ihn allen möglichen Leuten erzählte – dabei hatte ich von jener schwindelerregenden Höhe immer noch ein richtig flaues Gefühl im Magen. Ich war zwar noch nie dort gewesen, konnte aber jedes Haus exakt beschreiben.

Etwa drei Wochen später – ich lag mit einem Infekt im Bett, blätterte ich in der TV-Zeitung, und dabei sprang mir eine Sendung, ein Reisemagazin über New York, ins Auge. Ich dachte mir, wenn ich krank bin, kann ich ja auch mal am Samstagnachmittag fernsehen! Tagsüberhabe ich im Bett *Bestellungen beim Universum* gelesen. Ich hatte es zwar schon einmal gelesen und mich später entschlossen, das Buch einer Freundin zu verkaufen. Doch bevor ich es wegschicken würde, wollte ich noch einmal darin lesen. Da es ja ein ganz dünnes Büchlein ist, kann man es in ein bis zwei Stunden durchlesen.

Als die Sendung um 17 Uhr anfing, hatte ich die Hälfte des Büchleins durch. Die Moderatorin sagte, wenn man jetzt anriefe (49 Cent pro Anruf), könne man eine fünftägige Reise für zwei Personen mit Flug und Hotel in Manhattan plus 500 Euro Taschengeld gewinnen. „Na ja", dachte ich, „ich versuch es mal." Zweimal hatte ich Pech und ärgerte mich schon über den einen Euro. Auf einmal steht die Moderatorin an „meinem" Hotelfenster – Fenster bis zum Boden – und sagt, dies sei der Ausblick für den Gewinner! Mich traf fast der Schlag:

Das war genau mein Ausblick! Das Herz schlug mir bis zum Kopf. Dann fiel mir das soeben Gelesene wieder ein, ich entspannte mich und sagte mir: „Sei doch mal offen für ein Wunder! Du wünschst dir ja schon seit 20 Jahren, nach New York zu fliegen! Und so rief ich nochmals die Gewinnhotline an. Ich kam auch durch, antwortete brav dem Sprachcomputer und legte dann auf. Danach fragte ich mich, ob ich alles in der richtigen Reihenfolge gesagt hatte – ich war aufgeregt wie vor meinem ersten Kuß! Ich dachte noch: „Na ja, wenn die jetzt alle im Universum arbeiten, dann spielt die Reihenfolge wohl keine Rolle." Die ganze Zeit hatte ich ein erhebendes Gefühl und so ein Kribbeln im Bauch. Am Ende der Sendung sollte dann der Gewinner eingeblendet werden – ich muß dazusagen, ich hatte eine Stimmbandentzündung und konnte nicht besonders laut und deutlich reden. Jedenfalls sehe ich plötzlich meinen Namen und meine Adresse auf dem Bildschirm! Vor Glück heulend bin ich zu meinem Mann gerannt und versuchte, ihm gestikulierend zu erklären, was soeben passiert war – zum Glück hatte ich die Sendung auf Video aufgezeichnet und konnte ihm alles zeigen. Inzwischen sind die Reiseunterlagen da, und wir fliegen zu Dritt (unsere 13jährige Tochter Lisa kostet exakt 500 € Aufpreis) über Pfingsten nach New York! Mein langer Traum wird wahr – ich kann es immer noch kaum fassen. Das Büchlein habe ich dann doch nicht verkauft! Ich werde weiterhin darin lesen und mir dieses tolle Erlebnis ganz lange in guter Erinnerung bewahren.

Daß das alles funktioniert, war mir schon lange klar, und im Alltag passieren viele nette kleine Wunder – aber so eine Riesenüberraschung, das war wunderbar! Also bestelle ich frohen Mutes weiter und erzähle allen meine schöne Geschichte.

– *Eva*

Phantasialand

Mein Mann, mein Sohn und ich wohnen in Wilhelmshaven und wollten gerne mal ins Phantasialand nach Brühl. Da uns nicht ganz so viel Geld zur Verfügung steht, habe ich beim Universum bestellt, daß wir eine recht günstige Übernachtung finden.

Im Vertrauen auf die Lieferung fuhren wir eines Tages los. Kurz vor unserem Ziel hielten wir auf einen Parkplatz an der Autobahn. Vor uns stand ein Auto mit Kölner Kennzeichen. Das Pärchen, dem dieser Wagen gehörte, sprach uns an und erzählte uns, sie kämen auch gerade aus Wilhelmshaven und wollten wieder nach Köln. Wir kamen ins Gespräch, und als wir fragten, wie wir am besten nach Brühl kommen, sagten sie uns, wir sollten ihnen einfach hinterherfahren, und wir könnten ja, wenn wir wollten, bei ihnen einen Kaffee trinken. Das taten wir dann auch.

Beim Kaffee fragten uns die beiden, ob wir schon wüßten, wo wir übernachten wollten. Als wir das verneinten, schlugen sie uns vor, für die Nacht ihr Gästezimmer zu benutzen. Wir waren angenehm überrascht, zumal sie uns auch sehr sympathisch waren. Abends luden wir sie zum Essen ein. Und somit hatten wir drei eine supergünstige Übernachtung mit einer Freundschaft, die immer noch anhält.

Viele, denen wir diese Geschichte erzählen, können es nicht glauben, aber ich versichere, es hat sich wirklich genau so zugetragen. Seitdem schicke ich immer mal wieder eine Bestellung los und bin immer noch überrascht, wie oft mir das Gewünschte auch geliefert wird.

– *Christel*

Zufall?

Vor einem Jahr verlor ein Freund bei einem Spaziergang seinen Autoschlüssel auf einem Rheinwiesenstück von 5 Kilometern Länge und 200 Metern Breite. Die Wiese wurde von Hochwasser überflutet. Mit sechs Leuten suchten wir eine Woche später die Rheinwiese ab, aber wo sollten wir suchen? Ich bestellte mir eine Inspiration beim kosmischen Bestellservice. Plötzlich blieb ich stehen und erklärte einer Freundin, daß man z.B. die besten Pilze findet, wenn man so tut, als müsse man sich einen Schuh zubinden. Kaum ausgesprochen, kaum gebückt, schaute ein winziges Stück Metall aus dem Schlamm hervor. Es war der Schlüsselanhänger mit vermatschtem Schlüssel!

– *Steffi*

Die Versöhnung der drei Schwestern

Während eines Lebensfreude-Seminars im August erzählte eine Teilnehmerin der ganzen Gruppe von einer großen Bestellung, die sich erfüllt hatte. Sie ist die jüngste von drei Schwestern, 59 Jahre alt, die anderen beiden sind 65 und 70 Jahre. Die Schwestern waren völlig zerstritten. Die jüngste vertrug sich zwar inzwischen wieder mit den beiden älteren Schwestern, aber die beiden Älteren waren sich noch immer spinnefeind.

Die Jüngste feierte bald ihren 60. Geburtstag und bestellte sich beim Universum, daß sich die beiden wieder vertragen sollten: „Laß dir bitte was einfallen, liebes Universum!" Sie wünschte sich nämlich sehr, ihren Geburtstag mit ihren Schwestern zusammen feiern zu können. Doch besonders die Älteste hielt gar nichts davon: „*Die* (die mittlere Schwester) will ich nie wieder sehen! Sollte sie anrufen, würde ich auflegen", sagte sie zur jüngsten Schwester. Die aber gab nicht auf, sondern erzählte uns, daß sie beim Universum Frieden unter den drei Schwestern bestellt hatte.

Und bald darauf bahnte sich das Wunder auch schon an: Die mittlere Schwester hatte für den November eine Reise auf dem Schiff AIDA durch den Suez-Kanal gebucht. Die Reise startete auf Mallorca. Die älteste Schwester wußte natürlich nichts davon, da sie ja mit der mittleren nicht sprach.

Im September telefonierten die jüngste und die älteste Schwester miteinander. Ganz nebenbei erwähnte die älteste, daß sie gerade für den November eine Reise auf dem Schiff AIDA durch den Suez-Kanal gebucht hatte. Die Reise startete auf Mallorca. Die jüngste hielt den Atem an: „Ach, und wann startest du?" Sie wußte, daß das Schiff mehrmals fuhr, und wagte kaum zu hoffen, daß ihre beiden Schwestern auf demselben Schiff sein würden. Und doch war es tatsächlich so. Beide Schwestern hatten unabhängig voneinander dieselbe Reise gebucht, die am 14.11. in Mallorca startete. Wobei bei der Buchung der Ältesten das Schiff zunächst ausgebucht zu sein schein, aber noch während ihres Telefonats mit dem Veranstalter sagte genau in dem Moment gerade jemand ab, so daß doch noch ein Platz für die Schwester frei wurde!

Auf dem Schiff sah die mittlere Schwester die andere schon beim Einchecken und bemerkte sie auch auf dem Schiff täglich irgendwo aus der Ferne. Doch erst am Mittwoch, den 19.11., hatte sie den Mut, auf die Ältere zuzugehen und sie anzusprechen. Diese war zunächst total sprachlos. Doch bei Kaffee und Kuchen bearbeiteten die beiden dann schließlich ihre Animositäten und legten sie endgültig ad acta. Es flossen natürlich auch Tränen der Rührung und der Freude darüber, daß sie sich wiedergefunden hatten.

Die jüngste Schwester bedankte sich von Herzen beim Universum für diesen wunderbaren Einfall, ihre beiden Schwestern auf ein Schiff zu schicken, um Frieden schließen und so mit ihr gemeinsam den 60. Geburtstag feiern zu können.

Ein Pferd vom Universum

Ich bin eine Tiernärrin und wollte unbedingt mal wieder reiten. Eine kurze Bestellung ans Universum wurde abgeschickt, mehr unbewußt als wirklich bewußt. Eines Tages entdeckte ich dann „zufällig" einen Reitstall, bei dem ich nachfragte, ob sie nicht einen Isländer zum Reiten hätten. „Sie schickt der Himmel!", war die Antwort der Inhaberin. Sie hatte gerade von der Besitzerin des einzigen Isländers im Stall (von insgesamt 60 Pferden) den Auftrag erhalten, das Pferd einzuschläfern. Er sei so schwierig, lasse sich nicht einfangen, hätte einigen Frauen das Reiten verleidet etc. Ich schaute das Pferd an und war verzaubert.

Eine Woche lang habe ich ihn massiert, bin mit ihm spazierengegangen. Er hat mich einmal abgeworfen, und einmal kam er allein nach Haus, aber heute gebe ich auf Mimir Unterricht für Kinder, gehe allein mit ihm ins Gelände, und das alles ohne Probleme und mit sehr viel Freude. Gerne würde ich das mit dem Unterricht ausbauen, also werde ich eine neue Bestellung aufgeben ...

Ach ja, Mimir gehört mir seit einem Jahr, und wir sind dicke Freunde geworden. Er kommt, wenn ich ihn rufe, und das läßt mein Tierfreundherz hochschlagen. Fragt sich, wer hier wen bestellt hat ...

– *Susanne*

Ein Lebenstraum wird wahr

Seit meinem fünften Lebensjahr habe ich mir gewünscht, Tänzerin zu werden. Jetzt bin ich 32 und immer noch Planungsingenieurin, obwohl ich mit meinem Können Engagements bekommen würde. Als ich 31 war, beruflich wie privat sehr unzufrieden – ich hatte keinen Partner, fand mich nicht mehr schön und war insgesamt am Ende –, schickte ich eine Bestellung ab, ich möchte meinen Weg im Leben finden, man solle mir zeigen, was mein Weg und mein Ziel sei.

Nach ca. zwei Wochen lernte ich eine Tänzerin kennen, mit der ich nach jetzt ca. vier Monaten eine eigene Kompanie gegründet habe, auf Choreographenwettbewerbe gehe und mit der ich künstlerisch auf gleicher Wellenlänge liege. Dazu sieht alles danach aus, daß ich bald als Ingenieurin arbeitslos werde und somit einen gleitenden Übergang in meine künstlerische Laufbahn habe. Ich hatte 25 Jahre lang einen Traum, schicke mit 31 eine Bestellung ab, und innerhalb von zwei Wochen bekomme ich das, was ich brauche – unglaublich!

Ich habe der Tänzerin inzwischen erzählt, daß ich sie bestellt habe, und sie antwortete mir, sie hätte gewußt, daß sie bald jemanden kennenlernen würde, der das gleiche Ziel wie sie verfolge. Ich muß noch ergänzen, daß ich in einer Stadt wohne, in die sich normalerweise niemals eine Profi-Tänzerin verirren würde. Sie wußte nur, sie muß dort hin – warum, war ihr bis dahin auch nicht so klar. Jetzt schon.

– *Stefanie*

Führung von oben

Ich heiße Katja und bin 33 Jahre alt. Vor zwei, drei Monaten habe ich das Hörbuch *Bestellungen beim Universum* „gelesen" (ich bin blind) und habe das Bestellen dann gleich mit Kleinigkeiten ausprobiert. Sehende Menschen, die Auto fahren, üben ja die klassische Parkplatzbestellung. Ich habe mir einfach, bevor ich aus dem Haus ging, den Bus an die Bushaltestelle bestellt, und seitdem habe ich ihn nicht mehr verpaßt. Die Busfahrer warten sogar!!!

Als ich dann einmal mit dem Bus zu einem mir unbekannten Gebäude fahren mußte und mich dort total verlief, kam mir nach 45 Minuten die Idee, mal was „nach oben" zu schicken. Ich funkte also: „Ihr da oben, helft mir doch bitte, sonst bin ich nächste Woche noch unterwegs!" Etwa fünf Minuten später kam ich auf einen Hof, wo mir schon ein Mann mit den Worten entgegenkam: „Wo wollen Sie denn hin?" Ich erklärte es ihm, und er sagte: „Moment, hier ist eine Dame, die muß auch dorthin, die nimmt sie mit dem Auto mit!!!" Toll geklappt, oder?

– *Katja*

Trauer überwunden

Ich habe einen Sohn verloren, ein behindertes Kind bekommen, und mein Mann ist an Krebs gestorben. Fast zwei Jahre lang besuchte ich eine Trauergruppe. In dieser Zeit entdeckte ich Bärbels Bücher zu den Bestellungen beim Universum. Ich verschlang sie, ging dann in die Trauergruppe und verkündete: „Für mich ist es nun vorbei, ihr müßt euch selber helfen. Solange ihr nicht aus eurer Trauer rauskommt, kann euch keiner helfen", und ich zeigte ihnen Bärbels Bücher. „Was passiert ist, können wir nicht rückgängig machen, aber wir haben Kinder – sollen sie traurig aufwachsen?"

Ich fing mit meinem behinderten Sohn an. Wir lernten beide zusammen, bei jedem Asthma-Anfall Gesundheit zu bestellen – es klappte! Wir bestellten uns einen Parkplatz mitten in der Stadt – es klappte. Seitdem führen wir ein anderes Leben, und ich wünsche mir von ganzen Herzen, daß dieser innere Reichtum vielen beschert wird. Ich habe einen neuen Lebenspartner gefunden, der auch seine Frau verlor, wir beide bauen uns gegenseitig auf. Und meinem Sohn geht es mit der neuen Einstellung viel besser. Bei vielen Dingen hilft mir der Satz „Friede sei mit dir". Ich bin so froh, daß ich es gelernt habe, mein Leben positiv zu gestalten. Es stimmt wirklich, das kann ich nun aus eigener Erfahrung sagen: Denkt man negativ, zieht man Negatives an (dann hat man das sogenannte Pech), wenn man aber positiv denkt, zieht man

Positives an, und man geht mit Problemen ganz anders um. Selbstmitleid bringt es jedenfalls nicht!

– *Tina*

Friede sei mit euch!

Meine Jobsituation brachte es damals mit sich, daß ich mit zwei schwierigen Damen zusammenarbeiten mußte, die gemeinsam in einem Büro saßen und sich den ganzen Tag lang über alles, was ich sagte, tat oder sogar anhatte, den Mund zerrissen. Mir graute schon vor ihnen, ehe ich überhaupt ihr Büro betrat, wodurch meine Laune am Arbeitsplatz immer schlechter wurde. Als ich das Büchlein *Bestellungen beim Universum* entdeckt hatte, bestellte ich mir natürlich als erstes eine sofortige nachhaltige Verbesserung dieser Situation.

Die Lieferung kam schon am nächsten Tag. Nach der Lektüre besagten Büchleins war ich nämlich derart von dem Gedanken durchdrungen, daß ich selbst bestimmen kann, wie ich etwas aufnehme oder empfinde, so daß ich überhaupt kein Problem mehr damit hatte, was die beiden tuschelten oder von sich gaben. Ich sagte in Gedanken einfach „Friede sei mit euch" zu den beiden, und die Welt war in Ordnung. Dem Universum dankte ich und bekam dann noch mein Extra-Geschenk: Im Laufe der folgenden zwei Wochen haben beide Kolleginnen die Kündigung eingereicht, was ja eigentlich gar nicht mehr nötig gewesen wäre, ich aber dennoch als „Willkommensgeschenk" des „Kosmischen Bestellservices" angenommen habe.

– *Bettina*

Paß auf, was du bestellst!

Man sollte wirklich aufpassen, was man bestellt. Es kann nämlich auch in die Hose gehen!

Nach 30-jähriger Bürotätigkeit haderte ich mit meinem Schicksal und signalisierte dem Universum: „Bitte laßt mich aus diesem Job aussteigen, aber bitte mit gutem finanziellen Ausgang!"

Was dann kam, war so natürlich nicht erwünscht. Ich hatte einen Verkehrsunfall! Ich wurde schwer verletzt mit dem Hubschrauber ins Krankenhaus geflogen, mein rechtes Bein war schlimm dran. Vor der OP wurde mir meine Lage ziemlich klar, und ich dachte, ich muß jetzt all meine Kräfte zusammennehmen und mich retten. Ich bestellte beim Universum einen guten Chirurgen, der so effizient arbeitet, daß mit einer OP alles erledigt ist.

Nach dem Aufwachen sagten mir die Ärzte, sie hätten getan, was sie konnten, aber sie könnten mir nicht versprechen, daß das Bein dranbleiben werde, und wenn, dann seien noch einige Folgeoperationen und eine Hauttransplantation notwendig. – Schock! Ich betete zwei Tage und zwei Nächte zum Universum: „Bitte macht, daß ich mein Bein behalten kann!" Die Engel haben mich getröstet, und irgendwie überkam mich eine Stärke und eine Sicherheit, daß weder eine Amputation, eine Folge-OP noch eine Hauttransplantation notwendig werden würden.

Genauso kam es – dem Himmel sei dank! Ich durfte nach nur zehn Tagen mit einem Gips das Krankenhaus verlassen.

Bei den darauffolgenden Kontrollen haben meine Ärzte nur die Köpfe geschüttelt und gesagt, daß sie das nie für möglich gehalten hätten. Auch meine Haut am Bein wuchs prächtig zusammen.

Zu Hause habe ich mich dann mit Gott unterhalten. Ich habe gedacht, wenn Neal Donald Walsch das kann, dann kann ich das auch. Ich habe ihn gefragt: „Lieber Gott, warum habe ich diesen Unfall gehabt?" Und Gott antwortete: „DU WOLLTEST JA AUSSTEIGEN!" Dabei habe ich mein rechtes Bein gesehen, wie es einen großen Schritt zur Seite machte. Ich sagte: "Ja schon, aber warum mußte es so arg sein?" Gott erwiderte: „ANDERS HÄTTEST DU ES NICHT VERSTANDEN." Diese Antwort durchfuhr mich wie ein Blitz. Ja, das stimmte. Ich wäre weiter in meine ungeliebte Arbeit gegangen und hätte mich nicht getraut, meine wahre Bestimmung zu leben, so wie ich es jetzt tue.

Mittlerweile weiß ich, daß das Universum wie ein Computer funktioniert. Ich sitze unten an der Tastatur, formuliere meinen Wunsch, tippe diesen in die Software, würze mit Emotion und Vorfreude, drücke auf die Enter-Taste, schicke ihn weg und lebe in der Erwartung, daß der Computer alles ausführt, was ich eingegeben habe. So einfach ist das.

– *Ulrike*

Das geschenkte Auto

Mein Mann und ich bauten gerade ein Haus, und wir hatten all unsere Ersparnisse aufgebraucht, der Kredit war zwar genehmigt, aber wir konnten noch nicht auf das Geld zurückgreifen. Blöd nur, daß gerade da mein Auto keinen TÜV mehr bekam!

Ich mußte damals jeden Tag 30 Kilometer zur Arbeit fahren, Gott sei Dank hatte ich noch zwei Wochen Urlaub. Ich bestellte also: SOFORT ein Auto geschenkt, am liebsten einen gebrauchten Polo, ich wollte einen schwarzen, aber die Farbe war mir letztlich nicht so wichtig, wichtig war nur schnell. Da rief mich mein Bruder an und fragte, ob ich nicht sein Auto haben wollte, er wolle sich ein Neues kaufen, er wünschte sich schon lange einen BMW. Sie werden es nicht glauben, aber es war ein gebrauchter schwarzer Polo! Ich bekam ihn genau einen Tag, bevor ich wieder zur Arbeit mußte. Da dachte ich: Wenn das so einfach geht, will ich einen BMW oder Mercedes Benz haben, einen, den ich problemlos bezahlen konnte. Ein halbes Jahr später habe ich genau das bekommen, was ich wollte, zu genau dem Preis, den ich bestellt hatte. Perfekt!

– *Vanessa*

Lebensweg

Ich war gar nicht auf der Suche nach Wundern und Bestellmöglichkeiten. Nein, ich war auf der Suche nach einem guten Weg, mein Leben zu meistern. Deshalb habe ich in den letzten Monaten alles mögliche gelesen. Bis mir ein Freund etwas von „Parkplatz-Bestellungen" erzählte und mir einen Artikel über *Bestellungen beim Universum* unter die Nase rieb. „Was soll's", dachte ich, „jetzt hast du so viel gelesen und nichts gelernt. Schau einfach da auch noch mal rein." Und das tat ich auch.

Ich habe das kleine Buch gelesen und mir dafür fünf Tage Zeit genommen. Auch das zweite Buch von Bärbel Mohr, *Der kosmische Bestellservice*, war für mich eine Quelle der Erleuchtung. Das Licht ist mir schon beim ersten Buch aufgegangen, aber das zweite machte alles noch heller. Es war gar nicht mal die Bestelltechnik, die in diesen Büchern wichtig für mich ist, sondern der beschriebene Weg, wie man zu einem guten Besteller wird. Und diesen Weg nehme ich nun für mein neues Leben, im Sinne von „Gehe eine stärkere Verpflichtung dir selbst gegenüber ein" und „Erkenne dich selbst". Das kann ich gut umsetzen.

– Mehmet

Anm. von Bärbel: Yeah, super! Ein Leser, der wirklich etwas umsetzt! Für mich bedeutet dies, daß er nicht nur bestellt, sondern sich auch darum kümmert, daß er gut darin wird, die Lieferungen nicht zu verpassen! Find ich klasse, hat mich besonders gefreut!

Friede sei mir dir!

Mir ist vor knapp einem Jahr nach dem Lesen von *Bestellungen beim Universum* etwas Wundervolles passiert. Ich hatte in diesem Buch davon gelesen, daß man zu Personen, die man nicht so sehr mag, in Gedanken den Satz „Friede sei mit dir!" sagen solle. Dieser Satz berührte mich beim Lesen sehr. Ich habe ihn in den kommenden Wochen sehr oft und „heilend" eingesetzt. Er ging mir regelrecht in Fleisch und Blut über, und es tat mir unheimlich gut, ihn in der Praxis anzuwenden, in meinem realen Leben also.

Als ich an einem Wochenende mit meinem Auto Freunde besuchen wollte, mußte ich ca. 400 Kilometer Autobahn zurücklegen. Ich hatte dies schon öfter getan, und meist bin ich ohne Zwischenstop durchgebraust. Doch an diesem besagten Wochenende legte ich einen kurzen Pinkel-Zwischenstop ein. Ich fuhr also an einem Parkplatz raus, stellte mein Auto in einer freien Parkbucht ab, stieg aus und lief geradewegs auf einen Laternenmast zu, auf dem in Augenhöhe ein Aufkleber hing Und nun ratet mal, was auf diesem Aufkleber stand: FRIEDE SEI MIT DIR!

Ich war noch Tage später völlig baff, und dieser Moment hat wirklich mein Leben verändert. Ich hatte damals glücklicherweise meine Digitalkamera dabei und habe diesen Aufkleber fotografiert. Das Foto steht seitdem auf meinem Schreibtisch.

– *Iris*

Super-Besteller

Edith Holl: Eine Frau ohne Grenzen

Edith ist Unternehmerin und hat ihren ganz eigenen Führungsstil, bei dem sie sich vom Universum unterstützen läßt. Braucht sie zum Beispiel für einen Unternehmensbereich einen neuen Werbetext, schließt sie die Tür ihres Büros, setzt sich an den Computer, ruft das entsprechende Programm auf und sagt in Gedanken: „So Universum, jetzt bitte den Text ..." Und sie ist sich hundertprozentig sicher, daß ab dem Moment die Ideen nur so aus ihr heraussprudeln und immer ihre ganz persönliche und menschliche Note tragen. Genauso ist es.

Diese Vorgehensweise gehört zu Ediths alltäglichem Arbeitsstil – warum mit viel Aufwand die Dinge alleine tun, wenn man sich vom Universum helfen lassen kann? Edith hat zwei Kinder, eine Firmenwohnung in Regensburg, für die Familie ein

Wohnhaus in München, je ein Ferienhäuschen am Garda- und Wörthsee plus eines für die Wintersaison zum Skifahren. Darüber hinaus besitzt sie mit ihrem Mann eine eigene kleine Bar für Freunde mit dem Namen „Highways End". Dann sind da noch die vielen Hobbys, neuerdings gilt ihre Leidenschaft dem Steppen. Edith hat offenbar genug Zeit für alles. Das könnte manchem zu denken geben.

Damit wir uns richtig verstehen: Sie tut durchaus auch noch eine Menge Dinge selbst, sie überläßt nicht alles den himmlischen Kräften. Wenn wichtige Entscheidungen anstehen, holt sie zunächst ganz persönlich alle möglichen Informationen dazu ein. Aber es fängt schon damit an, daß sie meist keine große Mühe hat, die entsprechenden Informationen zu besorgen, denn mit Ediths Form von „intuitiver Magie" hat man alles schneller beisammen. Nachdem sie über alles Bescheid weiß und die meisten Menschen vermuten würden, daß sie nun eine logische und gut durchdachte Entscheidung fällt, ruft sie statt dessen wieder das Universum zu Hilfe und entscheidet dann entsprechend dem Bauch- und Wohlgefühl oder der

Eingebung. Das spart Zeit, senkt die Fehlerquote enorm und eröffnet völlig neue Möglichkeiten.

Edith berichtet von einem Beispiel für diese Art neuer Möglichkeiten: Einmal stand ihr ein schwieriges Gespräch mit einem guten Kunden bevor, in dem sie zunächst keine Lösung sehen konnte. Ihr logischer Verstand konnte sich nur vorstellen, daß entweder der Kunde oder sie am Ende des Gesprächs unzufrieden sein würden. Was tun? Ganz klar, warum soll sich das Endliche den Kopf des Unendlichen zerbrechen? So etwas ist eindeutig ein Fall für das Universum.

Edith visualisierte den Ausgang des Gesprächs mit diesem Kunden und malte sich aus, wie er am Schluß sagen würde: „Es hat mich sehr gefreut, daß Sie da waren, kommen Sie doch bald wieder." Wie es dazu kommen könnte, war ihr in dem Moment zwar noch völlig unklar, aber wie gesagt, das war ja nicht ihr Problem, sondern das des Universums ... Und so fuhr sie unverdrossen zu ihrem Kunden.

Da die Fahrt länger dauerte, kam sie ziemlich hungrig an und fragte den Kunden, ob sie nicht zuerst etwas essen gehen könnten. Dieser hatte das anscheinend schon vorausgesehen und bereits einen Tisch reserviert. Das Essen und die Gespräche dabei verliefen so angenehm, daß die beiden vier Stunden in dem Lokal „verhockten", ohne das Problem auch nur angesprochen zu haben. Schließlich erinnerte Edith daran, daß es ja auch noch einen geschäftlichen Grund für die Zusammenkunft gab, und so fuhr man zurück ins Büro.

Dort nahmen die Gespräche nach der verlängerten harmonischen Essenspause eine überraschende Wendung. Für alle Probleme wurde eine Lösung gefunden, mit der beide zufrieden waren. Als Edith schließlich abfuhr, schüttelte der Kunde ihr die Hand und sagte: „Es hat mich sehr gefreut, daß Sie da waren, kommen Sie doch bald wieder."

Edith verfährt stets auf diese Weise, wann auch immer ein Problem mit jemandem auftaucht – seien es Mitarbeiter, Kunden oder auch Lieferanten. Sie ist sich einfach sicher, daß es immer eine Lösung gibt, mit der am Schluß alle zufrieden sind, und es verunsichert sie nach ihren jahrelangen Erfahrungen schon lange nicht mehr, wenn diese Lösung ihr zu Beginn eines Gesprächs noch völlig unklar ist. Sie bestellt das Happy-End beim Universum, und in froher Erwartung desselben stellt es sich auch immer ein.

Es würde ihr nie einfallen, sich – wie in manchen Checklisten für Kundengespräche empfohlen – zuvor alle möglichen Einwände des Kunden vorzustellen, um diese dann bereits im voraus in Gedanken zu entkräften. Dieses ständige Worst-case-Denken zieht das Negative ihrer Meinung nach viel zu sehr an. Sie informiert sich lieber über den Ist-Zustand, stellt sich vor, was sie selbst haben möchte, und bestellt sich dann beim Universum die beste Lösung für alle. Sie sieht vor ihrem geistigen Auge immer das Ende der Gespräche vor sich, an dem alle zufrieden sind.

Ein anderes Mal hatte ein wichtiger Mitarbeiter in der Hauptsaison vier Wochen Urlaub am Stück genommen, und Edith hatte leichte Bedenken, wie die Arbeit ohne ihn zu bewältigen sein würde. Aber ihr kam auch hierbei die rettende Idee. Sie bestellte beim Universum einfach „viel Umsatz, aber fast nur mit Standardprodukten und wenig Extras". Die „Lieferung" erfolgte genau so, und es gab keine Probleme, trotz der fehlenden Hauptkraft.

Wie Edith allerdings auch berichtet, muß sie das mit den Bestellungen beim Universum im Kleinen immer wieder üben, damit ihr diese innere Sicherheit erhalten bleibt. Wir leben schließlich in einer Welt, in der der inneren Stimme nicht viel Wert beigemessen wird, und man muß am Ball bleiben, wenn man sich bewußt seine eigene Realität kreieren möchte.

Neulich im Wochenendhaus am Gardasee beispielsweise fing ihr Mann nachts zu schnarchen an. Das war ein Fall für so eine Kleinbestellung, denn Edith konnte nicht einschlafen und ließ daher den kosmischen Bestellservice wissen: „Hallo Universum, es gibt jetzt zwei Möglichkeiten. Entweder du sorgst dafür, daß Frank aufhört zu schnarchen, oder dafür, daß ich trotzdem sofort einschlafe. Such' dir die Lösung aus, die dir besser gefällt ..." Das Universum entschied sich für letzteres, denn zwei Minuten später schlief Edith ein, als gäbe es kein Schnarchen im Raum.

Sie sagt zwar, sie bestelle in solch alltäglichen Fällen nur Dinge, die sie gerade noch so selber glauben könne. Aber ich muß sagen, ihr Vertrauen in die Kräfte des Universums ist schier grenzenlos. Sie traut sich Sachen, die ich im Traum nicht für möglich halten würde. Aber wahrscheinlich würden umgekehrt einige der Dinge, die ich so bestelle, Ediths Vertrauen übersteigen.

Unmögliches ist möglich

Die Sache mit den Schuhen hätte *ich* mich jedenfalls nicht getraut. Edith ging in einen Schuhladen und entdeckte dort ein Paar Pumps, das ihr gefiel. Sie bat den Verkäufer, ihr diese in ihrer Größe herauszusuchen, und selbiger ging im Lager nachsehen. Er kam aber mir der Nachricht wieder, die Schuhe seien in ihrer Größe ausverkauft. Was tut Edith? Sie jagte in Gedanken eine Bestellung an den kosmischen Bestellservice los: „Universum, ich bestelle hiermit, daß er meine Größe doch da hat!" und sagte laut: „Sehen Sie doch bitte noch einmal nach. Ich bin mir ganz sicher, daß Sie die Größe doch da haben."

Der Verkäufer schaute ein wenig irritiert drein, aber was tut man nicht alles für die lieben Kunden. Und so zog er noch einmal von dannen und kam dann, selbst überrascht, mit einem Karton in den Händen wieder: „Sie hatten recht, es war doch noch ein Paar in Ihrer Größe da."

Wer nun meint, Edith wäre damit zufrieden nach Hause gegangen, der irrt. Sie durchforstete nämlich die Schuhregale weiter und fand ein zweites Paar, das ihr gefiel. Wieder marschierte der Verkäufer ins Lager und sah diesmal gleich genau nach, damit diese eigenwillige Dame ihn nicht wieder zweimal schickte. Er kam zurück mit der Botschaft: „Es tut mir leid, aber von diesem Paar haben wir Ihre Größe wirklich nicht mehr da. Es gibt den Schuh nur noch in zwei Nummern kleiner."

Keiner wird erraten, was Edith diesmal bestellt hat: „Liebes Universum, ich hätte gerne, daß der Schuh, den er da hat, mir paßt, egal welche Größe dransteht." Und sie ließ sich den Schuh in zwei Nummern kleiner bringen. Edith ist ein Phänomen. Der Schuh paßte. Scheinbar war er falsch ausgezeichnet worden. Und so ging sie mit zwei Paar neuen Schuhen nach Hause.

Ihr treuherziger Kommentar dazu: „Weißt du, jeder hat mal Momente, in denen er an der universellen Kraft zweifelt. Deswegen brauche ich immer solche kleinen

Dinge, dadurch werde ich mutiger." Es waren zwar nur zwei Paar Schuhe, aber *ich* hätte daran nicht mehr glauben können. Zwei offensichtlich nicht vorhandene Schuhe mit sofortiger Auslieferung zu bestellen käme mir ähnlich schwierig vor, wie sie gleich aus der hohlen Hand aus dem Nichts zu materialisieren. Man sieht daran mal wieder, daß die Grenzen immer nur in unseren Köpfen existieren.

Jed McKenna: Das Universum – ein großer verspielter Welpe

Schon während meiner ersten Woche am Lake Chapala in Mexiko entdeckte ich nahe des oberen Teils von Ajijic das Haus, das ich kaufen wollte. Ich machte ein Angebot, und es wurde akzeptiert, worauf ich mich aus einer Vielzahl von Gründen dazu veranlaßt sah, den gesamten Kaufpreis in bar aufzutreiben. Ein recht mühsames Unterfangen, vor allem in Anbetracht des engen Zeitrahmens, in dem ich es schaffen mußte. Doch durch einige trickreiche Manöver, einige unerfreuliche steuerliche Konsequenzen und etwas wertvolle Hilfe glückte es mir, und ich stopfte praktisch jeden Cent, den ich zusammenkratzen konnte, auf ein örtliches Bankkonto, das ich bereit war zu Gunsten dieses reizenden Zuhauses aufzulösen.

Dann machte der Verkäufer einen Rückzieher. Ich hielt das für eine seltsame Wende der Ereignisse, doch ich wußte, daß es zum Besten beitrug, was auch immer das Beste sein mochte. Ich wartete, um herauszufinden, weshalb es geschehen war, und mein Warten wurde bereits knapp eine Woche später belohnt, als man mir zutrug, ein entfernter Vetter von mir brauche dringend Geld und verkaufe deshalb die Hazienda meines Großvaters – die eine, die ich mir mehr wünschte als jede andere, deren Erwerb ich jedoch nie ernsthaft in Betracht gezogen hatte. Nun ergab die scheinbar unerklärliche Aktion des Verkäufers, nach meinem verbissenen Ringen um Bargeld beim ersten Haus einen Rückzieher zu machen, absolut Sinn. Wäre dies nicht geschehen, wäre ich nicht in der Lage gewesen, das Haus meines Großvaters zu kaufen, das mir besser gefiel als das in Ajijic und das ich zu einem einigermaßen vernünftigen Preis erhielt.

Überdies hatte ich durch die Tatsache, daß ich das Haus in Ajijic entdeckt und zu kaufen versucht hatte, Verlangen und Absicht zum Ausdruck gebracht, was das Universum erkannte und belohnte. (...)

☙   ❧

Ich war noch nicht lange in der Gegend, als ich einen Hund namens Mango kennenlernte. Es war eine vier Monate alte Border-Collie-Hündin. Sie wurde von ihrer gebrechlich aussehenden Besitzerin ausgeführt, einer Frau über siebzig, die sich kurz zuvor mit ihrem Ehemann in dieser Gegend zur Ruhe gesetzt hatte. Sowie ich den Hund sah, wußte ich, daß er es war, dessen Bild ich mich im letzten Jahr immer mehr angenähert hatte, und daß die Wege, die wir beide gereist waren, uns an diesem Ort hatten zusammenführen müssen. Es war von meiner Seite ein schlichtes Wiedererkennen, kein Impuls oder Wunsch. Ich wußte, so wie ich sie sah, daß sie mein Hund werden würde, und eine Stunde später war sie es. Ohne große Formalitäten zahlte ich der Frau den Betrag, den sie dem Züchter bezahlt hatte, obgleich sie vor Erleichterung viel weniger verlangt hatte.

Die Hündin hatte jetzt einen neuen Besitzer, und ihr neuer Name, ich erspürte es mehr als ich es beschloß, lautete Maya.

Diese Frau und ihr Mann waren bei der Wahl der Hunderasse sehr schlecht beraten gewesen, was sie mittlerweile auch einsahen. Border-Collies sind Arbeitshunde und können als Haustiere eine sehr schlechte Wahl sein, vor allem wenn die Umstände es nicht gestatten, ihnen täglich den Energieverbrauch zu gewähren, den sie benötigen. Die Frau und ihr Mann hielten sie einfach nur für schön. Das sind sie auch. Sie sind außerdem verteufelt schlau und unermüdlich und können ernsthaft ausrasten, wenn sie nicht den Auslauf bekommen, den sie brauchen.

Ich hatte im vergangenen Jahr immer häufiger über Hunde nachgedacht, hatte Bücher und Magazine gelesen, mir Wissen angeeignet, meine Wünsche verfeinert und war schließlich zu der Erkenntnis gelangt, daß ich einen Border Collie haben wollte. Das war es, was sich richtig anfühlte. Sobald ich es erkannt hatte, dachte ich über die ganze Sache nicht mehr nach, denn die Details würden sich, wie ich wußte, von selbst ergeben.

Okay, ich kann mich nicht so kurz fassen, wie ich gehofft hatte, aber all das Zeug hier muß einfach erwähnt werden. In Wirklichkeit ist sowohl das mit dem Haus als auch das mit dem Hund viel komplexer, verwickelter und erhellender, als ich es hier dargestellt habe, und beide Geschichten stellen in ihrer Fülle derart leuchtende, ausgeklügelte und elegante Beispiele für Manifestationsprozesse dar, für die Funktionsweise des Integrierten Zustands, für Vertrauen und Hingabe, für eine klare Sicht, für Absicht und Verlangen, für die subtilen Machenschaften des Universums und in der Tat auch für die nonduale Natur der Wesenheit des Ich-Universums, daß ich – sollte ich je beschließen, ein Buch zu schreiben, das speziell von der lebendigen Wirklichkeit des reifen Integrierten Zustands handelt – diese beiden Episoden an oberste Stelle setzen werde, zusammen mit einer Menge ähnlicher Episoden, die auf unwiderlegbare Weise meine langjährige Überzeugung stützen, daß das Universum in Wirklichkeit ein großer, verspielter Welpe ist.

(Aus Jed McKenna: *Spirituelle Dissonanz. Wie Mensch erwachsen wird*)

Bärbel Mohr:
Wenn alles sich ineinanderfügt

Als ich noch Anfängerin beim Bestellen war, war aus allen Lebensbereichen etwas dabei, und immer ging es um sehr konkrete Dinge: Partner, Wohnung, Job, Geld, Auto, Gesundheit.

„Ja, wenn man das alles hat, ist man automatisch glücklich", meint so mancheiner. Stimmt aber nicht. Bei den Chinesen gibt es eine Art Fluch, der lautet: „Mögen alle deine Wünsche sich erfüllen!" Klingt sonderbar, wenn man es zum ersten Mal hört, aber es steckt eine Menge Weisheit darin. Nicht umsonst sind so viele Millionäre, die eigentlich alles haben, im Leben unglücklich und deprimiert. Es scheint in der Natur des Menschen zu liegen, immer irgendwohin zu streben und etwas erreichen zu wollen. Wohin mit sich selbst, wenn man alles erreicht hat?

Ich zähle mich selbst eigentlich nicht zu den „Profi- oder Superbestellern", sondern vielleicht eher zu den „manchmal fortgeschrittenen Bestellern". Es gibt aber sogar Tage, an denen ich denke, ich bin zurückgefallen zu den absoluten Anfängern, so wie ich mich anstelle. Ich ärgere mich massiv über etwas und weiß genau, ich werde mir damit mehr Ärger erschaffen und garantiert keinen positiven Draht zum Universum herstellen. Und haargenau so kommt es dann. Alles wird noch verzwickter. Solange, bis ich den inneren Schweinehund überwinde und mich wieder auf mein Vertrauen, das Positive, die Liebe zum Leben und das Herz statt nur auf den Verstand konzentriere. Dann sind die neuen Lösungen oft Minuten später schon da.

Es ist allerdings nur noch selten etwas „Anfaßbares" dabei. Vielmehr bestelle ich mir Ideen, Hinweise, Kontakte, Problemlösungen und ähnliches. Auch dabei kann man zu gierig sein und es übertreiben. Beispielsweise ist auch an mir die Finanzkrise nicht spurlos vorüber gegangen. Ich bin in Streß und Hektik geraten und habe mir Ideen und Lösungen für alle möglichen Probleme, die ich mir einbilde auf der Welt zu sehen, bestellt (man kann ja unterschiedlicher Auffassung darüber sein, wo des Pudels Kern begraben liegt). Passend zu meinem Gefühl, daß es dabei eilen würde, sind die „Lieferungen" genauso eilig eingegangen, alle auf einmal und immer so, daß ich mit dem Verarbeiten und Zusammenschreiben all dieser Informationen überhaupt nicht mehr mitkomme, sondern nun dauernd die Nächte durchschreibe.

Beispielsweise war gestern jemand für ein Interview da (ich muß immer alles sofort aufschreiben, sonst vergesse ich Wesentliches, und es fehlt dann auch an Lebendigkeit beim Geschriebenen, wenn die Dinge länger liegenbleiben). Morgen kommt der Nächste und am Sonntag noch einer. Das ist selten blöd. Erstens ist morgen und übermorgen Wochenende, zweitens habe ich schon die letzte Nacht durchgearbeitet, drittens ist die Idee, das Buch *Lieferungen vom Universum* noch diesen Sommer herauszubringen, auch gerade erst entstanden, und so habe ich wieder alles auf einmal auf dem Schreibtisch. Und diese Termindichte habe ich mir keineswegs mit Absicht so gelegt, aber die Leute konnten alle nicht anders. Und ich weiß auch warum: Weil ich sonst keinen Streß hätte, und wenn ich keinen Streß hätte, würde es nicht zu meinem Gefühl passen. Das Gefühl war schon ein paar Wochen länger da. Ich erschaffe mir das so. Der einzige Weg, solche Zustände zu ändern, besteht darin, innerlich Ruhe und Vertrauen zu schaffen. Das habe ich in diesem Leben schon zigfach erlebt, und trotzdem lege ich mich immer wieder selbst hinein.

Als „Profibestellerin" fühle ich mich hingegen in Momenten, in denen ich im Gegensatz zum eben Beschriebenen völlig in meiner inneren Mitte und im Vertrauen zum Leben ruhe. Wenn ich einfach und entspannt davon ausgehe, daß alles, was geschieht, zum Besten des Ganzen sein wird, und wenn ich mich an den kleinen Dingen des Lebens so richtig voller Dankbarkeit freue. Dann nämlich entfalten sich Dinge von alleine, oft ohne daß man sie noch explizit bestellen müßte. Vieles fügt sich einfach passend und harmonisch fließend zusammen. Die innere Energie stimmt einfach, und dieser Zustand manifestiert sich dadurch, daß es auch im Außen stimmt.

Ein gutes Beispiel ist die „Genesis-Konferenz", auf der ich schon zweimal war: 2004 und 2008 war ich bei Teil 1 und 2 des erwähnten wissenschaftlichen Symposiums, und beide Male sind die Dinge auf ähnliche Weise ineinandergeflossen. Wobei ich sie 2004 noch bestellt hatte ...

Durch einen Bekannten hatte ich nämlich beim ersten Symposium 2004 erfahren, daß unter den Zuhörern ein Forscher war, dessen Fachgebiet mich besonders interessierte. Da ich ihn am ersten Tag nicht gesehen hatte, bestellte ich mir für den zweiten Tag, daß mir zumindest jemand sagen würde, welcher der über 300 Symposiumsteilnehmer er ist. Ob er sich dann mit mir unterhalten wollte, würde er dann natürlich selbst entscheiden müssen, so was kann man nicht bestellen, da man nicht den freien Willen anderer einfach so wegbestellen kann.

Als ich in den Konferenzsaal kam, waren schon fast alle anderen Teilnehmer da, und mein Platz vom Vortag war vergeben. Also suchte ich nach einem leeren Stuhl, stellte meine Sachen darauf ab und ging noch einmal kurz raus. Als die Veranstaltung begann und ich wieder reinkam, kam auch gleich die erste Überraschung, als mein Nachbar sich vorstellte. Denn wer saß da neben mir? Genau jener Forscher, den ich mir bestellt hatte! Ich war hoch erfreut, besonders da wir uns bestens verstanden und er mir all meine Fragen gerne beantwortet hat.

2008 fand diese Konferenz wie gesagt wieder statt, und ich ging wieder hin. Dieses Mal lernte ich in der Pause jemanden kennen, mit dem ich mich neben vielen anderen Dingen auch über eins meiner Bücher unterhielt. Er fand es spannend und wollte sich eins besorgen. Da ich noch ein Exemplar im Auto hatte, ging ich es für ihn holen. Als ich wiederkam, war die Pause jedoch vorbei, und es wurden gerade alle Leute reingerufen. Ich suchte alles ab, konnte meinen neuen Bekannten aber nirgendwo finden. Schließlich gab ich auf und kehrte an meinen Platz zurück. Nanu? Da leuchtete mir ein fremder Rücken entgegen. Mein vorheriger Nachbar hatte einen Bekannten in der Reihe hinter uns getroffen und hatte sich umgesetzt. Ich hatte einen neuen Sitznachbarn. Als er sich umdrehte, mußten wir beide kurz nach Luft schnappen: „Was? Wie kommst du hierher?", fragte ich und „Sag bloß, das ist dein freier Platz? Jemand hatte sich auf meinen Platz gesetzt, und das hier war der einzige freie Platz, den ich noch finden konnte. Das ist ja toll!"

Ich hatte ein totales Déja-vu-Gefühl von der gleichen Konferenz vier Jahre zuvor, und es paßte dazu, daß ich bei dieser Konferenz immer eine Riesenfreude habe, weil ich die Themen so spannend finde.

„Profibesteller" ruhen in sich. Sie sind in Einklang mit sich und ihrer Welt und einverstanden mit allem, was ist. In diesem Seinszustand liest das Universum dir deine Wünsche quasi von den Augen ab, manchmal bevor du überhaupt dazu kommst, den Gedanken zu formulieren.

Neulich hatte ich beispielsweise ein besonders gutes Interview. Wir fühlten uns beide total im Fluß. Die Ehefrau meines Gesprächspartners ging einkaufen, während wir fast drei Stunden lang redeten. Wir beendeten unser Gespräch mit den Worten: „Super, jetzt haben wir alles. Jetzt können wir deine Frau auf dem Handy anrufen, daß wir ferti...." Weiter kam ich nicht, denn da bog sie auch schon um die Ecke.

Oder bei einem anderen Treffen mit mehreren Leuten wollte ich mir unbedingt alles ganz genau merken, weil ich fand, diese Informationen wären für einen Freund von mir sehr wertvoll, der rund 400

Kilometer weit weg wohnt. Am Vorabend des Treffens rief genau dieser Freund an und sagte mir, er hätte am nächsten Tag einen Termin in München, ob er bei mir übernachten könnte. Was für ein Zufall! Nur schade, daß er ja selbst zu einem Termin mußte. Denkste, kaum war er da, verschob sich dieser Termin, und er konnte mich zu meinem Termin begleiten. Wie sich herausstellte, paßte er ganz perfekt zu diesem Treffen, und es war sogar wichtig, daß er mit dabei war. Da hatte das Universum geliefert, bevor wir auf der Verstandesebene überhaupt daran gedacht haben zu bestellen. Das Universum hat die Bestellung quasi aus einer übergeordneten Seeleebene oder so abgelesen.

Und obwohl ich weiß, daß die Dinge sich nur dann so wunderbar zusammenfügen, wenn ich entspannt und ganz in meiner Kraft und Freude bin, gelingt mir das leider nicht immer. Grummel-brummel – halt – stopp: Sich über sich selbst zu ärgern ist überhaupt nicht hilfreich! Also, liebe Bärbel, wie schön, daß es dir immer öfter und immer schneller gelingt, im Einklang mit dir selbst zu sein, selbst in vollkommen chaotisch aussehenden Situationen (hüstel, den Satz übe ich am besten gleich noch mal vor dem Spiegel).

Such dir ein Mantra, einen Satz, der für dich wirkt und der dir hilft, möglichst schnell zurück in den Einklang mit dir selbst zu kommen, wenn dir auffällt, daß du gerade nicht so ganz in deiner Mitte bist. Hier nur ein paar Vorschläge:

- Ich vertraue darauf, daß sich alles zum höchsten Wohle aller Beteiligten entwikkeln wird.
- Ich glaube an mein Glück, auch wenn es sich gerade versteckt zu haben scheint. Gleich kommt es sicher wieder um die Ecke gelaufen.
- Ich vertraue dem Licht auch in der größten Dunkelheit.
- Ich sehe Schönheit in allen Dingen.
- Ich atme tief durch, fühle mein Herz und liebe mich selbst, weil ich weiß, wenn es mir gut mit mir selbst geht, dann funktioniert auch mein Draht nach oben bestens.

Nachwort
Über das Glück

Es gibt da dieses schöne Gleichnis von einem Angler, der am Ufer sitzt und friedlich vor sich hin angelt. Eines Tages kommt ein Bekannter vorbei und ruft ihm zu: „Mensch, Kumpel, schau doch mal hin! Da, wo du sitzt, könnte man wunderbar einen Fährdienst über den Fluß einrichten. Wieviel du dabei verdienen könntest, statt nur hier zu sitzen und zu angeln."

„Und was hätte ich dann davon?" fragt der andere.

„Na, dann würdest du reich."

„Und dann?"

„Dann könntest du dir noch eine Fähre kaufen, und irgendwann wärst du sogar in der Lage, Leute anzustellen, die für dich die Fähre fahren."

„Und dann?"

„Dann könntest du dich ganz geruhsam ans Ufer setzen und angeln."

„Das tue ich doch schon!"

Geld ist etwas Schönes, und viel Geld ist noch schöner. Doch man braucht es nicht unbedingt, um glücklich zu sein, wie die obige Geschichte zeigt. Was aber macht einen glücklich? Letztlich muß das jeder für sich selbst herausfinden. Doch vielleicht kann dieses Kapitel dir dazu einige Anregungen vermitteln. Laßt uns zunächst das Pferd sozusagen von hinten aufzäumen, vom Blickwinkel des Sterbens aus.

Wie den Büchern der Sterbeforscherin Elisabeth Kübler-Ross zu entnehmen ist, fürchten sich manchmal seltsamerweise genau die Menschen, die ein eher unglückliches Leben geführt haben, am allermeisten vor dem Tod. Sie hadern schrecklich mit einer schweren Erkrankung und finden nur sehr schwer zu einer Art inneren Frieden, wenn sie erkennen, daß sie eben doch sterben müssen. Ganz anders die Menschen, die ein glückliches Leben geführt haben. Sie sind meist viel eher bereit, ihrem herannahenden Tod ins Auge zu sehen und ihre restlichen Tage, egal wie viele oder wenige es auch sein mögen, in ruhiger Gelassenheit zu verbringen.

Logisch ist das doch auf den ersten Blick nicht, oder? Die Unglücklichen wollen unbedingt weiterleben, und die Glücklichen sehen ihrem nahenden Tod im inneren Frieden entgegen. Umgekehrt müßte es doch sein, denn was haben die Unglücklichen schon zu verlieren? Wieso wollen sie es nicht hergeben, dieses Etwas, das man Leben nennt und das sie doch nur unglücklich gemacht hat? Und wieso fällt dies denen, die es immer geliebt haben, oft so viel leichter?

Es ist ganz einfach: Die Unglücklichen denken an das, was sie in ihrem Leben alles verpaßt haben und nun offenbar endgültig nicht mehr nachholen können. Die Glücklichen behaupten häufig, sie hätten gar nichts verpaßt, sondern alles gelebt, was es zu leben gab. Für sie war und ist es zwar immer noch schön, doch sie haben das Leben bisher voll ausgekostet. Sie fühlen sich nicht, als hätten sie etwas verpaßt. Und DAS sagen nicht nur Neunzigjährige, es gilt auch für Menschen in mittleren und jüngeren Jahren. Die Frage, wie man bisher gelebt hat, ist ein wichtiger Aspekt bei der Verarbeitung des nahenden Todes, ganz gleich, wie alt man ist.

Wie sieht es bei dir und in deinem Leben aus? Was wäre, wenn du morgen erfahren würdest, daß du nur noch sechs Monate zu leben hast? Ehe wir weiterreden, machst du dir am besten eine Liste, was du alles verpaßt hättest, wenn es nur noch ein halbes Jahr zu leben gäbe.

....
....
....
....
....
....
....
....
....
....

Schon fertig mit der Liste? Was steht denn alles drauf? Hast du nur verpaßte Vergnügungen und Reisen aufgelistet, oder hast du auch verpaßte Gelegenheiten im Zusammenhang mit zwischenmenschlichen Erlebnissen aufgeschrieben? Wie sieht es aus mit dem Einsatz deiner Fähigkeiten, Talente, Neigungen und dem Ausprobieren und Herumspielen mit Dingen, die dich schon immer mal gereizt hätten? Stehen die auch auf deiner Liste? Steht auf der Liste, daß du es verpaßt hättest, den nächsten Frühling, das Wiedererblühen der Natur, den Sommer, die fallenden Blätter im Herbst oder den Winter genau und intensiv zu beobachten? Auch nicht? Dann bist du noch nicht fertig. Bitte weiterschreiben und erst weiterlesen, wenn deine Liste fertig ist.

....
....
....
....
....
....
....
....
....
....

Vielleicht hast du den Sinn dieser Übung schon erraten: Wir alle sollten ständig unsere persönliche Liste der verpaßten Gelegenheiten überprüfen und ganz viele Punkte davon nicht erst in irgendeiner nebulösen Zukunft, sondern jetzt, hier, heute und morgen auf der einen Liste ausradieren und statt dessen unter „ergriffene und genutzte Gelegenheiten" verbuchen. Ich denke, das dürfte dich deinem persönlichen Lebensglück bereits ein gutes Stück näherbringen.

Was genau ist Glück überhaupt? Für die meisten von uns gehören dazu Gesundheit, Freunde, eine erfüllende Tätigkeit, die einen optimalen Selbstausdruck gewährleistet, und Geld, damit man sich den Lebensstandard, den man sich wünscht, auch leisten kann.

Grundsätzlich bin ich ja ein konstruktiver Mensch, aber die genannten Glücksvoraussetzungen lassen sich zum Teil sehr leicht auf scheinbar destruktive Weise zerpflücken. Tun wir das doch mal, um herauszufinden, ob es irgendwo dahinter noch eine verborgene Glücksvoraussetzung gibt, die hier noch nicht erkennbar ist:

Sicher kennt ihr den inzwischen verstorbenen Schauspieler Christopher Reeve, der als Darsteller von *Superman* früher sehr erfolgreich war und alles hatte, von dem man geneigt ist zu denken, daß es besonders glücksfördernd sei: Ruhm, Erfolg, Geld, Gesundheit, Familie und viele Freunde. Seit einem Reitunfall war er vom Hals an abwärts gelähmt. Trotzdem überwand er seine anfänglichen emotionalen Tiefs und hörte einfach nicht auf, glücklich zu sein, obwohl er so viel verloren hatte. Er hörte auch nicht auf, etwas aus seinem Leben zu machen, agierte auch vom Rollstuhl aus weiter als Schauspieler, hielt Vorträge, führte Regie, unterstützte die medizinische Forschung und andere Kranke etc. pp.

Wie hat der Mann das gemacht, sollte man sich fragen? Er konnte nur noch mit dem Kopf wackeln und den Körper sonst nicht bewegen, war aber trotzdem glücklich (es gibt auch ein Buch von ihm: *Immer noch ich. Mein zweites Leben*). Gesundheit scheint demnach kein zwingendes Muß für dauerhaftes Glücksempfinden zu sein.

Das hört man öfter. Besonders von schwer Kranken, die wieder genesen sind und zum Teil trotzdem nur noch eine unbestimmte Zeit zu leben haben, weil die Krankheit jederzeit wieder ausbrechen könnte. Häufig sagen sie aus, ihr Leben sei seit der Krankheit intensiver und schöner, als es das vorher jemals war.

Von Lottogewinnern kann man dasselbe leider nicht immer sagen. Ich habe mal eine Fernsehsendung über Lottomillionäre gesehen, und bei sehr vielen von ihnen hielt die Freude über den unverhofften Geldsegen nicht lange an. Einige hatten hinterher sogar größere Probleme als je zuvor.

Der amerikanische Herzchirug und Buchautor Dean Ornish berichtet ähnliches. Er hatte mehr als genug von dem, was man "eigentlich" zum Glück braucht: Er besaß genug Geld, ging der für ihn optimalen Tätigkeit nach, eines seiner Bücher landete sogar auf der Bestsellerliste der *New York Times*, und er war so erfolgreich, daß ihn die Clintons ins Weiße Haus zum Essen einluden. Trotzdem fühlte er sich einsam, unglücklich und unzufrieden. Ja, spinnt denn der? Christopher Reeve war glücklich, und er ist unglücklich? Da stimmt doch was nicht.

Wo kommt es denn her das Glück und wo geht es hin? Wieso ist bzw. war Dean Ornish nicht glücklich? Er hat sich nämlich mit seinem inneren Zustand trotz äußerer Toperfolge nicht zufrieden gegeben und über seine Erfahrungen ein Buch mit dem

Titel *Die revolutionäre Therapie: Heilen mit Liebe* veröffentlicht. Darin beschreibt er, weshalb der Entzug von menschlicher Nähe genauso unglücklich und deshalb auch krank macht wie falsche Ernährung, Bewegungsmangel oder ähnliches. Er beschreibt, was für zerstörerische Gifte der Körper freisetzt, wenn wir unglücklich sind und es uns an menschlicher Zuwendung fehlt. Selbst Tiere zu haben ist weit gesundheitsfördernder, als ganz allein zu leben.

Ornish hält menschliche Nähe für das optimale Mittel gegen Streß jeder Art. Damit geht er, vermutlich unwissentlich, auch mit dem Dalai Lama konform. Der meint nämlich, daß neben einem gelassenen, friedlichen Geist vor allem die Fähigkeit, schnell und ungezwungen Verbindung zu anderen Menschen aufnehmen zu können, der Glücksgarant schlechthin sei. Wer sich jederzeit anderen mitteilen und ein Gefühl der Nähe und des Wohlwollens in seinem Mitmenschen erzeugen kann, dem ist laut Dalai Lama dauerhaftes Glück beschieden.

Was ist noch übrig von unserer Checkliste? Gesundheit scheint kein Glücksgarant zu sein, Geld auch nicht – Hunderte von unglücklichen Lottogewinnern und auch Dean Ornish sprechen dagegen. Übrig bleiben Freunde, menschliche Nähe und der erfüllende Selbstausdruck. Christopher Reeve zumindest schien genau daraus seine Kraft bezogen zu haben – aus dem liebevollen Kontakt zu Familie und Freunden und aus dem trotz Behinderung erfüllenden Selbstausdruck in seinem Beruf.

Wie wir sehen, scheint Glück weniger etwas mit äußeren Umständen wie Gesundheit, Geld und Erfolg zu tun zu haben. Neben den bereits genannten Faktoren spielt dabei wie so oft die innere Einstellung die entscheidende Rolle. Wem es gelingt, sein Selbst auszudrücken, und wer ausreichend Gefühle menschlicher Nähe erlebt, der scheint am ehesten glücklich zu sein. Mit dem Lebensstandard hat Glück jedenfalls eindeutig ziemlich wenig zu tun.

Wenn du der Meinung bist, deine Arbeit macht dich unglücklich, dann hast du zwei Möglichkeiten, dies zu ändern: Mit Kreativität mehr Freude in die gegenwärtige Situation zu bringen (du kannst das Universum und deine Intuition nach Ideen und Möglichkeiten dazu befragen) oder dich einfach komplett beruflich umzuorientieren.

Die verborgene Grundvoraussetzung des Glücks ist die, sich für das Glück zu entscheiden (trotz Krankheit oder wenig Geld z.B.). Dieselben äußeren Umstände können den einen für immer unglücklich und einen anderen trotzdem glücklich machen. Glück entsteht im Geist und nicht durch die Umstände. Arbeite an deiner inneren Einstellung, dann verändern sich alsbald auch die äußeren Umstände zu deinen Gunsten, indem dir bessere Gelegenheiten angeboten werden. Das ist meine ernsthafte Überzeugung. Außerdem solltest du möglichst viele Dinge aus deiner Liste mit den verpaßten Gelegenheiten möglichst sofort umzusetzen. Das wirkt Wunder. Je mehr du dich um dein Glück kümmerst, desto mehr wirst du Lieferungen vom Universum erhalten, bevor du überhaupt bestellen konntest.

Die Türen im Außen gehen zu, wenn du die Tür im Inneren schließt. Kaum öffnest du sie wieder, öffnet auch das Leben nach und nach seine Schatztruhen wieder für dich.

Sieh dich um in der Welt, und erstell' dir durch Beobachtung deine eigene Statistik. Wer ist glücklich und wer unglücklich? Du brauchst es nicht nachzulesen, sieh lieber selbst nach in der Welt!

Ich empfehle dir: Überlege dir, was du noch von deinem Leben haben willst, welche Gelegenheiten du ergreifen möchtest, bevor es zu spät ist, und ergreife sie jetzt. Mach dir eine Liste, was zu deinem Glück WIRKLICH dazugehört, erstelle eventuell eine zweite Liste zusammen mit deiner Familie, und schaffe dir den Freiraum, Glück in deinem Leben zuzulassen.

Wenn du an diesem Punkt schon angelangt bist, empfehle ich dir für die Details die Methode der Bestellungen beim Universum anzuwenden. Das heißt, wenn du herausgefunden hast, daß du beispielsweise auch in einer anderen Stadt, einer anderen Wohnung, mit einem anderen Job etc. leben könntest und daß das eventuell der Verwirklichung deines persönlichen Lebensglücks weit zuträglicher wäre, dann brauchst du dich beim Suchen nicht auf rein statistische Gesichtspunkte zu beschränken. Nicht die Menge macht es, sondern die Intuition, zur richtigen Zeit am richtigen Ort zu sein, um das für dich Richtige in Empfang zu nehmen.

Gib eine Bestellung beim Universum auf, indem du eine klare Formulierung von dem, was du dir als nächsten Schritt vorstellst, gedanklich in den Himmel schickst. Damit beteiligst du die Kräfte des Unbewußten und des rational Unerklärlichen an deiner Suche. Damit öffnest du außerdem deinen Geist dafür, auch ungewöhnliche Gelegenheiten zu erkennen und zu ergreifen. Mit der Zeit wirst du merken, wieviel dabei möglich ist.

Wenn du eine Beziehung nur aus rationalen Gründen führst, ohne den kleinsten Anflug von Liebe und Verliebtsein, dann ist diese Beziehung trocken und nüchtern, und es fehlt ihr der wunderbare Zauber, den die Verliebten erleben. Wenn du dein Leben nur nach rationalen Gesichtspunkten lebst, dann fehlt ihm ebenso jeder Zauber, jede Leichtigkeit, und es wird jedes Jahr anstrengender. Den Verliebten, den Glücklichen und den lachenden Menschen fallen die Dinge immer wieder in den Schoß, und alles scheint wie freundlich verzaubert zur rechten Zeit zur Hand zu sein. Bei den abgestumpft vor sich Hinbrütenden, die den Zauber des Lebens nicht spüren, ist es umgekehrt: Alles muß hart erkämpft werden, und sie verpassen ständig die besten Gelegenheiten.

Buddha sagt: „Es gibt keinen Weg zum Glück, Glück IST der Weg". Menschen, die sich bereits für das Glück entschieden haben, verfügen über diese gewisse Gelassenheit und Leichtigkeit, mit der sie die skurrilsten Dinge und Ereignisse beim Universum bestellen können, und sie bekommen alles, obwohl sie mitunter wirklich erschreckend wenig dafür tun.

Darin liegt eines der Geheimnisse des Lebens: Sobald du etwas nicht mehr brauchst, kannst du es mit Leichtigkeit haben. Das heißt, sobald du nur noch aus reiner Freude am Leben und am Sein wirkst und handelst, kann es sein, daß dir das Leben Dinge, die du vorher mit viel Kampf nicht erreichen konntest, nun plötzlich hinterherwirft.

Das einzige Problem besteht darin, daß dich, solange es dir noch nicht so gut wie eben beschrieben geht, nur so viele Wunder und tolle Lieferungen des Universums ereilen werden, wie du gerade noch für möglich halten kannst. Wer sich schon zu lange in eine Zone des möglichst schmerzfreien Dahindämmerns zurückgezogen hat, der muß sich zunächst schrittweise dort hinausbestellen und -bewegen, bis er wieder die spielerische Leichtigkeit verspürt, die er als Kind einmal hatte.

Halte dir einfach vor Augen, daß jeder Mensch mit allem ausgestattet ist, was er für sein individuelles Glück braucht. Dir steht, wie jedem anderen auch, maximales Glück von Geburt an zu. Du brauchst es nur zu ergreifen. Was immer du bei der Suche in dir selbst entdeckst – solange es nicht die Liebe vermehrt (Selbstliebe und Liebe zum Leben), hast du noch keine Wahrheit gefunden. Der Himmel hinter den Wolken ist immer blau und die Seele jedes Menschen heil. Suche einfach solange hinter den Wolken, bis du deinen persönlichen blauen Himmel gefunden hast. Viel Glück beim baldigen Fündigwerden!

Eure Bärbel Mohr

Weitere Veröffentlichungen
von Bärbel Mohr

Bestellungen beim Universum, Omega, Aachen, 1998,
ISBN 978-3-930243-15-0

Der kosmische Bestellservice, Omega, Aachen, 1999,
ISBN 978-3-930243-13-6

Bestellungen beim Universum, Hörbuch, AXENT, Augsburg,
2000, ISBN 3-896470-93-0

Herzenswünsche selbst erfüllen, Video, Traum-Vogel, Berlin,
2001

Nutze die täglichen Wunder, Koha-Verlag, Burgrain, 2001,
ISBN 3-929512-77-7

Dem Teufel sei dank, illustriertes Märchen für Erwachsene,
Wu-Wei, Schondorf, 2001, ISBN 3-930953-05-6

Reklamationen beim Universum, Omega, Aachen, 2001,
ISBN 978-3-930243-24-2

Der Skeptiker und der Guru, Omega, Aachen, 2002,
ISBN 978-3-930243-25-9

Neue Dimensionen der Heilung, Koha, Burgrain, 2004,
ISBN 3-936862-38-9

Der Wunschfänger-Engel, mit Dieter M. Hörner, Nietsch,
Freiburg, 2004, ISBN 3-934647-62-2

Neues vom Wunschfänger-Engel, mit Clemens Maria Mohr,
Nietsch, Freiburg, 2004, ISBN 3-934647-87-1

Jokerkarten für Bestellungen beim Universum, Omega,
Aachen, 2004, ISBN 3-930243-31-8

Lichtkinder. Spirituelle Verbundenheit und Kreativität fördern,
Buch u. Kartenset, Koha, Burgrain, 2005, 3-936862-52-4 u.
3-936862-53-2

Die Mohr-Methode, mit Clemens Maria Mohr, Koha, Burgrain, 2005, ISBN 3-936862-62-1

Max und Leander - Die Superstars, Rotblatt, Viersen, 2006, ISBN 3-939061-16-6

Mein Wundertagebuch, Koha, Burgrain, 2006, ISBN 3-936862-85-0

Übungsbuch zu den Bestellungen beim Universum, Omega, Aachen, 2006, ISBN 978-3-930243-38-9

Mama, wer ist Gott? Nietsch, Freiburg, 2007, ISBN 978-3-934647-99-2

Das Universum, das Wünschen und die Liebe - eine kosmo-komische Liebesgeschichte, Ullstein Tb, 2007, ISBN 3-548743-55-2

Sex wie auf Wolke 7, Koha, Burgrain, 2007, ISBN 978-3-867280-07-5

Fühle mit dem Herzen – und du wirst deinem Leben begegnen, mit Manfred Mohr, Koha, Burgrain, 2007, ISBN 978-3-867280-25-9

Cosmic Ordering: Die neue Dimension der Realitätsgestaltung aus dem alten hawaiianischen Ho'oponopono, Koha, Burgrain, 2008, ISBN 978-3-867280-60-0

Wunschkalender 2009, mit Pierre Franckh, Koha, Burgrain, 2009, ISBN 978-3-867280-43-3

Zweisam statt einsam - Den richtigen Partner finden und in Beziehungen glücklich bleiben. Koha, Burgrain, 2009, ISBN 978-3-86728-080-8

Mama, wer ist Gott? Nietsch, Freiburg, 2007, ISBN 978-3-934647-99-2

Weitere Bücher von Bärbel Mohr

Bärbel Mohr

Bestellungen beim Universum

Ein Handbuch zur Wunscherfüllung

136 S., gebunden, € 10,20 [D]

ISBN 978-3-930243-13-6

Bärbel Mohr zeigt, wie man sich den Traumpartner, den Traumjob oder die Traumwohnung und vieles mehr einfach „herbeidenken" und quasi beim Universum „bestellen" kann.

Sie bringt dem Leser bei, wie er auf seine innere Stimme hören, wie er sich selbst gegenüber eine stärkere Verpflichtung eingehen und sein Leben positiver gestalten kann. Zahlreiche kleine Anekdoten und Parabeln durchziehen das humorvoll geschriebene Büchlein, das durch Lebenstips für jeden Tag abgerundet wird.

Ein ideales Geschenkbändchen, das einen auf sonnige Gedanken bringt.